LAMA OLE NYDAHL

Vom Reichtum des Geistes

LAMA OLE NYDAHL

Vom Reichtum des
Geistes

Buddhistische Inspirationen

Knaur
MensSana

Herausgegeben von Hans Christian Meiser

Die Folie des Schutzumschlags sowie die Einschweißfolie sind PE-Folien und biologisch abbaubar.
Dieses Buch wurde auf chlor- und säurefreiem Papier gedruckt.

Besuchen Sie uns im Internet: www.droemer-knaur.de
Alle Titel aus dem Bereich MensSana finden Sie im Internet unter www.knaur-mens-sana.de

Originalausgabe
Knaur Verlag. Ein Unternehmen der Droemerschen Verlagsanstalt Th. Knaur Nachf. GmbH & Co. KG, München

Konzeption und Lektorat: Catrin Hartung, Claudia Balara, Michael Fuchs
Abbildungen: © Buddhismus Stiftung Diamantweg
Fotos: Ginger Neumann
Umschlaggestaltung: ZERO Werbeagentur, München
Umschlagabbildung: IFA Bilderteam
Grafik und Layout: Frank Keller, Markus Kuhn
Satz und Umbruch: Adobe InDesign im Verlag
Druck und Bindung: Offizin Andersen Nexö, Leipzig
Printed in Germany
ISBN-13: 978-3-426-66590-9
ISBN-10: 3-426-66590-5

5 4 3 2 1

Inhalt

VORWORT

Liebe Freunde überall,

der Mensch vergisst laufend. Deshalb gleicht der Vorgang, ein Zitatenbuch wie dieses zusammenzustellen, einer Zeitreise durch alte Schriften. Die Sätze dabei nochmals zu schleifen, rundet alles ab.
All mein Dank an Claudia, Michael und wie immer an Caty, die die Aussagen aus unzähligen Quellen auswählten und in Form brachten, und an Markus und Frank für die schöne Gestaltung. Gemeinsam schaffen wir so viel.

Porto Alegre, Brasilien,
im Segensfeld der Schützerin Weißer Schirm,
am Tag von Schwarzer Mantel.
Lama Ole Nydahl

EINLEITUNG

Gute Zitate sind wie Edelsteine, sie gewinnen durch ihre Seltenheit an Wert. Selten liest man eine solche Zusammenstellung an einem Stück von vorne bis hinten, vielmehr ist sie für viele, erst recht wenn es sich um Aussagen eines buddhistischen Lehrers handelt, wie eine Schatzkiste. Sie hilft, in schwierigen Zeiten einsgerichtet zu bleiben und das eigene Leben bedeutungsvoll zu gestalten. Im Gegensatz zur westlichen Philosophie berührt der Buddhismus nicht nur die begriffsmäßige Ebene des Menschen, sondern bereichert sein ganzes Wesen. Der hier gezeigte buddhistische Weg beschreibt nichts Abgehobenes und ist keine verstaubte Form der Psychotherapie, er bringt vielmehr eine ständig wachsende Erfahrung von Reichtum und Freude, die mit der Erleuchtung schließlich zeitlos wird.

Was zu Beginn oftmals überrascht: Buddhistische Lehren und Lehrer vermitteln keine schwer zu ergründenden Weisheiten, sondern wecken den gesunden Menschenverstand. Bei bewusster Betrachtung erkennt man daher auch, dass vielen Menschen im Ansatz die Verwirklichung schon durch Augenblicke der grenzenlosen Weite in der Liebe oder durch das freudige »Aha« einer neuen Einsicht bekannt ist. Buddhistisches Gedankengut entwickelt beim Leser oder Hörer die Fähigkeit, das alltägliche Leben besser und freudvoller zu meistern. Das dabei entstehende Wissen ermöglicht es einem zugleich, anderen besser zu nützen. Je mehr sich das Vertrauen in die eigene Buddhanatur festigt, umso leichter erschließt man den Reichtum des Geistes. Völlig ungekünstelt werden Erscheinungen dann als an sich rein erlebt, die zeitlose Wahrheit wird bewusst.
Auf der in diesem Buch vertretenen letztendlichen Ebene der Belehrungen, dem Diamantweg, wirft einen jede Beobachtung der äußeren wie der inneren Welt auf den Geist zurück. Man wird sich bewusst, dass letztlich nur der Erleber unveränderlich, ständig und wirklich vorhanden ist. Seinem Wesen nach ist er unzerstörbar und zeitlos wie der Raum, während alles Wahrgenommene – die inneren Zustände wie auch der

äußere Rahmen – in ständigem Wandel begriffen ist.
Dem freien und idealistischen Westen ist es nach der chinesischen Unterdrückung Tibets gelungen, die Sichtweise und einmaligen Belehrungen des Diamantweges zu erhalten. So wurden unsere Kulturen um eine ganzheitliche Ebene bereichert, die die westliche dualistische Denkweise allein nicht zu erreichen vermag.
Teilen Sie hier meine Erfahrungen von 35 Jahren Meditation.

KAPITEL I

Nur der Geist kann Glück erfahren

Nur unser Geist kann Glück erfahren. Wer dauerhaftes Glück in der äußeren Welt sucht, verschwendet seine Zeit. Weder Ruhm, Autos noch Häuser können einen auf Dauer froh machen. Trifft der Geist durch die Sinne auf Angenehmes, wird zwar ein Gefühl von Glück erzeugt. Nach einiger Zeit endet dieses aber wieder, weil es zur Gewohnheit wurde und keine Genugtuung mehr bringt. Wer hingegen versucht, den Geist an sich kennen zu lernen, ist klug. Er findet tatsächliche Erfüllung, denn die Leuchtkraft des Geistes ist grenzenlos.

Wenn wir bewusst in allem bleiben, was auch geschieht, gibt es keinen Augenblick, der uns nicht weiterführt.

Fehler werden eher aus Unwissenheit als aus Bosheit gemacht. Daher sind moralische Zeigefinger unangebracht.

Alles, was geschieht, ist die Auswirkung früherer Ursachen. Deine Reaktion darauf ist Ausdruck deiner Reife.

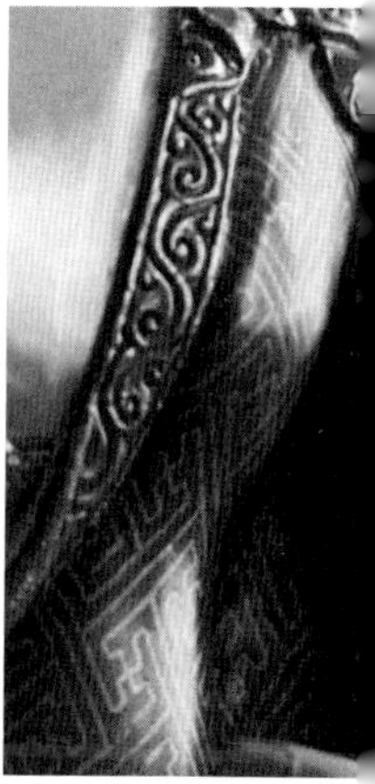

Man sitzt in den Kakteen, die man selbst gepflanzt hat. Ob es einem gefällt oder nicht, das Prinzip von Ursache und Wirkung funktioniert nicht nur für die anderen, sondern gilt auch für einen selbst. Da man sich durch Unwissenheit selbst in schwierige Lagen bringt, kann man sich auch durch eigene Kraft aus ihnen befreien.

Was noch nicht geschehen ist, kann verändert werden.

Man zieht das an, was man in die Welt strahlt. Schwierige Menschen begegnen stets schwierigen anderen, fröhliche Menschen geraten immer wieder wie von selbst in gute Gesellschaft.

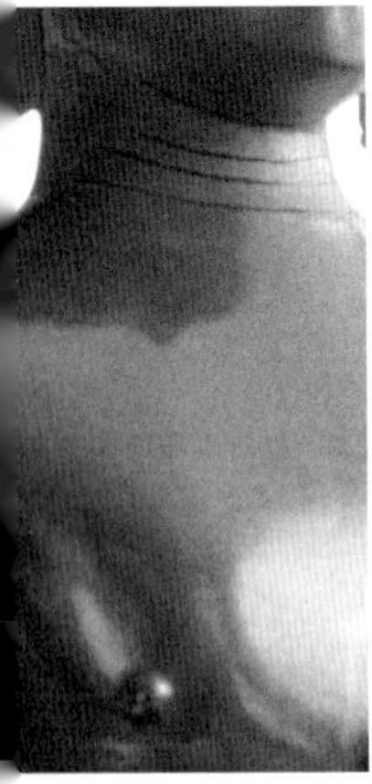

Lebe dein Leben wie in einem Hotel. Genieße alles, aber sei dir bewusst, dass du nichts mitnehmen kannst.

Eigentlich bedeutet es wenig, ob man in einem Mazda oder einem Mercedes zum Friedhof gefahren wird, denn nur die Erkenntnis zeitloser Werte bleibt.

Gäbe es nicht die Möglichkeit, das zukünftige Geschehen sinnreich zu gestalten, könnte man genauso gut ein Leben lang vor dem Fernseher Bier trinken.

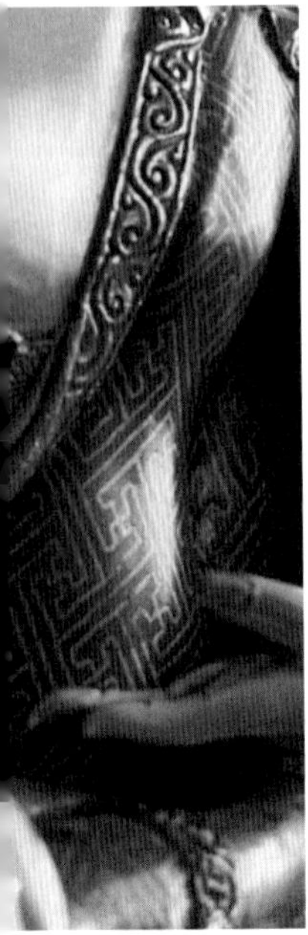

Mache Gedanken wie Körper zu guten Dienern statt zu schwierigen Herren.

Alles wäre leicht, könnte man störende Zustände als das sehen, was sie wirklich sind: schlechte Filme auf der eigenen inneren Leinwand. Der Kluge lässt sie einfach vorbeilaufen, ohne sie zu beachten.

Letztlich muss man nur lernen, den Augenblick vor einer Tat so weit auszudehnen, dass man sich bewusst für eine sinnvolle, Leid vermeidende Handlung entscheiden kann.

Sterben ist nicht das Problem. Das Problem ist ein Leben ohne Bedeutung.

Man braucht Vertrauen, weil man sonst nichts lernt, Fleiß, weil man sonst nicht weiterkommt, und Erfahrung, weil man sonst das Falsche lernt.

Vergänglichkeit ist keine Vorstellung. Sie findet jede Sekunde statt.

Solange man das Wesen des Geistes nicht erkennt, bleibt jede Erfahrung durch die innere Einstellung gefärbt und in Ort und Zeit begrenzt.

Wer an sich denkt, hat Schwierigkeiten. Wer an andere denkt, hat Aufgaben.

Wer an sich denkt,
hat Schwierigkeiten.
Wer an andere denkt,
hat Aufgaben.

KAPITEL II

Die Freiheit des Augenblicks

Versuche die Welt mit Abstand zu sehen. Erkenne sie als vergänglich und als ein Spiel von Bedingungen.

Die Menschen denken gern, dass ihnen etwas fehle, und kommen deshalb nur schwer zur Ruhe. Arbeitet man viel, möchte man in den Urlaub fliegen. Kaum ist man dort, sehnt man sich schon wieder zurück nach Hause, weil dort die Freunde sind. So erhofft man sich das Glück immer in der Zukunft und genießt nicht das Hier und Jetzt. Den Augenblick aber als an sich vollkommen zu erleben, das ist der Schlüssel zu dauerhaftem Glück.

Indem man bewusst in dem ruht, was ist, wird der Geist klar, und man gewinnt an Kraft.

Meditation ist ein Labor für den Geist. Lernt man dort, die Gedanken und Gefühle vorübergehen zu lassen, ohne sie ernst zu nehmen oder auf sie einzugehen, entwickelt man auch im Alltag Freiheit.

Es geht nicht um bessere Gedanken, sondern um weniger Gedanken.

Wer weder hofft noch sich fürchtet, entwickelt tiefe Einsicht und unmittelbare Tatkraft.

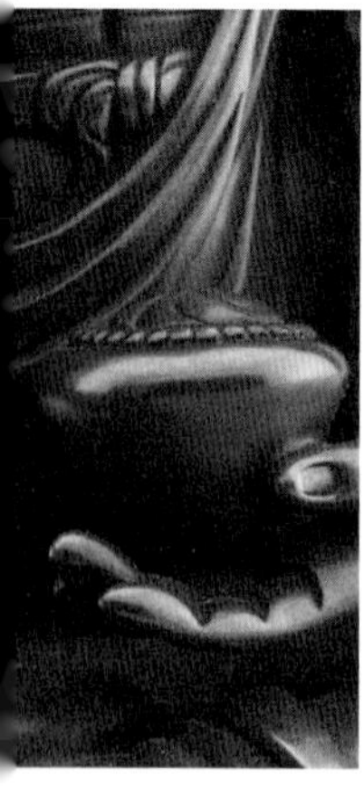

Gedanken und Gefühle sind Ausdruck der dem Geist innewohnenden Möglichkeiten. Man sollte bei den begrenzenden und als unangenehm erlebten wie bei einer langweiligen Sendung im Fernsehen nur kurz hinschauen. Sie besitzen letztendlich nur die Kraft, die man ihnen schenkt.

Wer in seiner Mitte ruht, wird richtig handeln, wenn die Zeit reif ist.

Erwartungen und Befürchtungen zeigen die Trägheit des Geistes. Man ist nicht im Augenblick!

Keiner wurde je gestern erleuchtet, keiner je morgen. Erleuchtung geschieht immer im Augenblick.

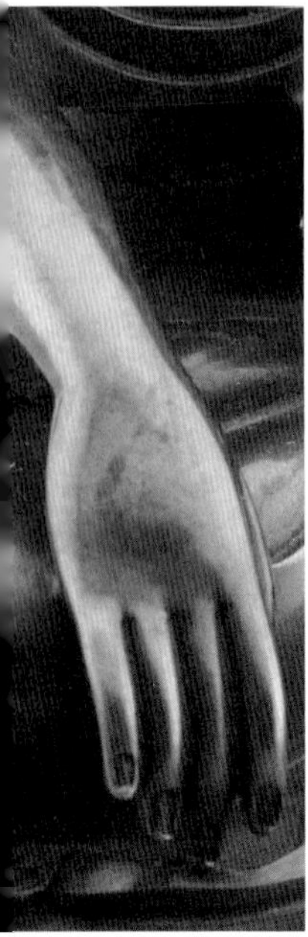

Meditationen haben nur ein Ziel: die volle Befreiung des Geistes. Dies bedeutet weder ein tief geistiges Nachsinnen noch ein krampfhaftes Vermeiden von Gedanken oder das Festhalten von angenehmen Geisteszuständen. Stattdessen ermöglichen sie ein müheloses Verweilen im Augenblick: das Sehen von dem, was ist.

Ein tiefes Vertrauen in den Moment bringt alles zur vollen Blüte.

Hindus versuchen, keine Gedanken zu haben, Christen versuchen, gute Gedanken zu haben, für Buddhisten sind Gedanken nebensächlich – man tut, was »vor der Nase liegt«.

Meditation ist ein Geschenk des Geistes an sich selbst.

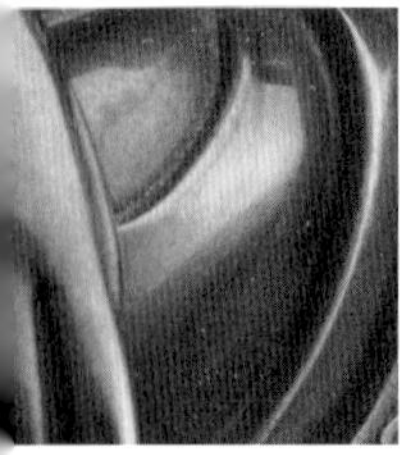

Die Einsicht, nicht aufgrund seiner Gedanken leiden zu müssen, ist befreiend.

Der Kluge gibt seinen Trips niemals so viel Wirklichkeit, dass sie mit ihm davonlaufen.

Wer im Hier und Jetzt verweilt und bejahen kann, was gerade geschieht, löst seine Verwirrung auf.

Wer im Hier und Jetzt
verweilt und bejahen
kann, was gerade
geschieht löst seine
Verwirrung auf.

KAPITEL III

Glück ist eine Frage der Einstellung

Es gibt keinen Grund, zu leiden.

Man erntet zwar nicht am selben Tag, an dem man sät, doch solange man seine Eindrücke nicht durch eine andere Einstellung und Meditation verändert, wird man die Auswirkung seiner Taten erfahren.

Es ist eine riesige Befreiung, zu erkennen, dass man seinen inneren Zuständen nicht so hilflos ausgeliefert ist, wie man oft glaubt, sondern dass die Färbung der eigenen Brille bestimmt, wie man die Welt erlebt.

Erst fragen, dann urteilen!

Wenn man versteht, dass Gefühle keine letztendliche Wirklichkeit haben, und immer mehr eine »Sowohl als auch«-Haltung entwickelt, kann man seine Gefühlswelt selbst gestalten.

Man sollte den Geist so behandeln wie einen schönen Garten, in den man keinen Müll hineinwirft oder in dem man kein Unkraut wuchern lässt, sondern beständig schöne Eindrücke pflanzt.

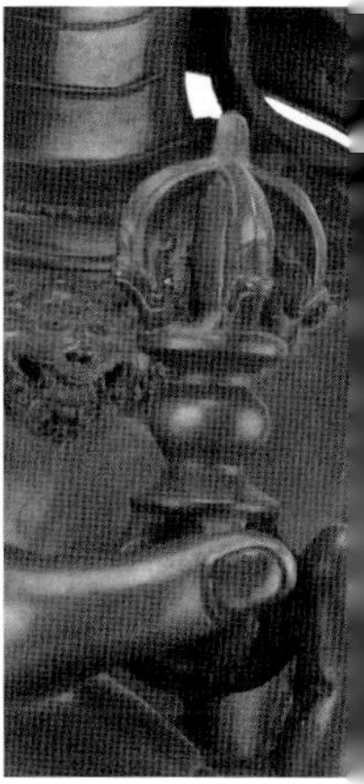

Entscheidend ist die Einsicht, dass man in jedem Augenblick die Möglichkeit hat, sich für etwas langfristig Glückbringendes zu entscheiden.

Die einzige Möglichkeit, das eigene Karma zu verbessern, besteht darin, für seine Handlungen Verantwortung zu übernehmen und bewusst den Strom der schlechten Gewohnheiten zu unterbrechen. Nur so kommt man allmählich aus den schwierigen Ecken des Daseins heraus. Man kann jederzeit etwas in seinem Leben ändern und somit einen Anfang machen. Diese Einstellung ermöglicht unerwartete Entwicklungssprünge. Von diesem Zeitpunkt an kann das Leben nur sinnvoller werden.

Durch bloßes Wissen wird niemand erleuchtet. Man wird erleuchtet, indem man Erfahrungen macht und sich verändert.

Die Menschen benehmen sich so, wie es ihnen geht. Wer sich schlecht benimmt, dem geht es nicht gut, und umgekehrt.

Entwicklung erkennt man an verändertem Verhalten in ähnlichen Situationen. Man weiß: Das alte Gefühl steht im Museum!

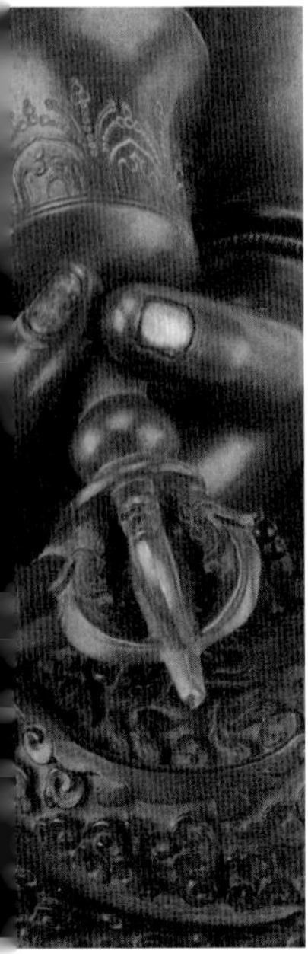

Solange man den ständigen Strom von Gedanken, Gefühlen sowie körperlichen Erfahrungen für wirklich hält, ist man in ihm gefangen. Man bewertet alles und sät mit seinen Handlungen, Worten und Gedanken entsprechende Eindrücke, die später entsprechende Erfahrungen verursachen. Im Allgemeinen erfährt man schöne Erlebnisse als Reichtum und Geschenk. Sind sie hingegen eher grau und klebrig, schwingt offenbar eine eingeschränkte oder getrübte Sichtweise mit. Je mehr schöne Eindrücke man im Geist aufgebaut hat, desto besser gelingt die Entspannung. Man entwickelt eine Sichtweise, die in sich ruht.

Wer alles auf sich selbst bezieht, bleibt in Erwartungen und Befürchtungen gefangen.

Ein Problem ist nur so groß, wie man es für sich zulässt.

Überpersönliches Handeln heißt: Man tut etwas, weil die Lage es erfordert, und nicht, weil man sich einen eigenen Vorteil verspricht; also stellt man die Wünsche anderer über die eigenen Ansprüche.

Geistige Reife erkennt man nicht an der Art der Gefühle, die man hat, sondern am Abstand zu ihnen.

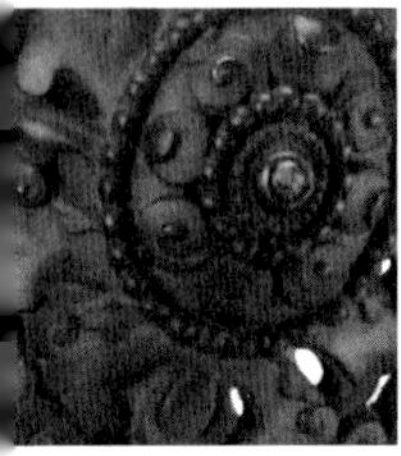

Obwohl die äußere Welt nach dem Gesetz von Ursache und Wirkung arbeitet, hat man stets die innere Freiheit, zu entscheiden, wie man auf sie reagiert.

Störgefühle – wie Verwirrung, Begierde, Zorn, Eifersucht und Stolz – machen einsam.

Jede Handlung hat mit einem selbst zu tun. Entscheidend ist immer die Einstellung, die hinter jeder Tat liegt.

Richtige tiefe Dankbarkeit empfinden und zeigen zu können, ist in unserer Welt etwas sehr Kostbares. Zudem verhindert Dankbarkeit Überheblichkeit.

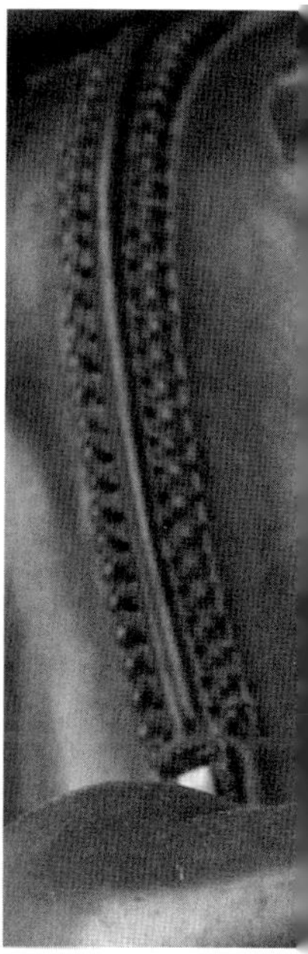

Durch die Einsicht, dass man nur wenig für andere tun kann, solange man die eigenen Gefühle, Gedanken, Worte und Handlungen nicht beherrscht, wird man fähig, das Leben bewusst in Angriff zu nehmen.

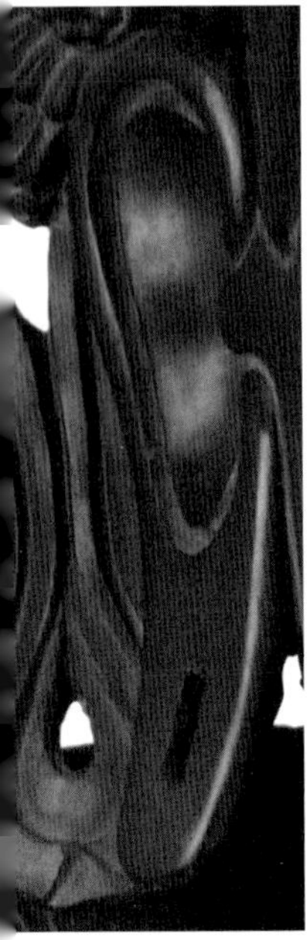

Wahre Entwicklung geschieht außerhalb der Komfortzone.

Wer Vertrauen zu sich selbst hat, braucht keinen Stolz.

Wer äußere wie innere Geschehnisse als gegenseitig bedingt und als nicht dauerhaft vorhanden wahrnimmt, während er zugleich gute Eindrücke aufbaut, wird mit etwas Mut Befreiung erlangen.

Alle Störungen sind zusammengesetzt und bedingt. Wird ihnen keine Aufmerksamkeit geschenkt, werden sie von sich aus an Kraft verlieren und sich nach einiger Zeit auflösen. Wenn man das erkannt hat, lässt man sich beim nächsten Mal weniger leicht von ihnen an der Nase herumführen.

Wirkliche Enthaltsamkeit heißt, vergängliche Gefühle nicht ernst zu nehmen.

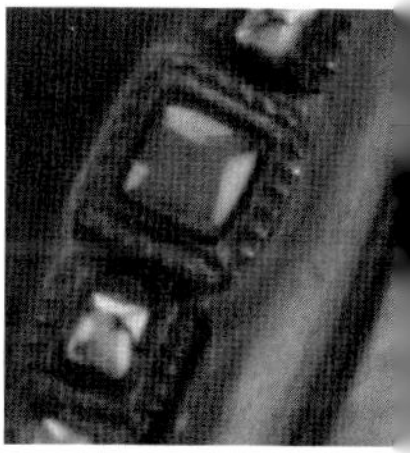

Wirkliche Enthaltsamkeit heisst, vergängliche Gefühle nicht ernst zu nehmen.

KAPITEL IV

Alles ist ein Traum

Buddha sieht als Ursache für Leid nicht eine Vertreibung aus einem Paradies, sondern die Unfähigkeit des Geistes, sich selbst zu erkennen.

Alle fühlenden Wesen haben die Buddhanatur.

Wer alles für wirklich hält, erlebt nicht nur Krankheit, Alter und Tod als wahr, sondern auch die Steuerbehörde und die Geschwindigkeitsbegrenzungen. Dann wird das Leben sehr eng.

Die Hälfte der Entwicklung liegt darin, sich selbst zu vergessen.

Die Entwicklungsmöglichkeiten hören erst mit der Erleuchtung auf.

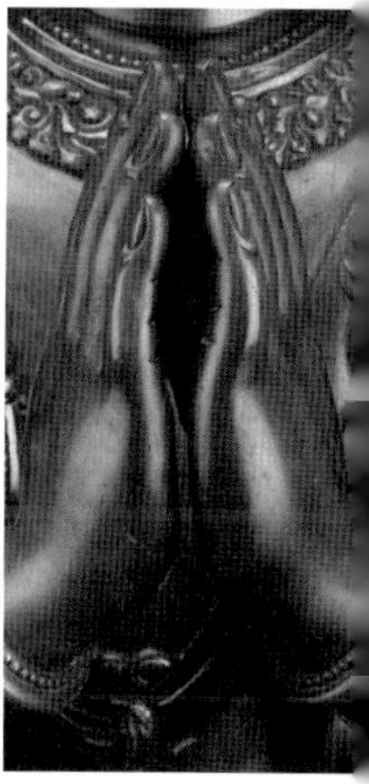

Wirksame Arbeit mit den Störgefühlen gleicht gekonnter Kriegsführung: Sie erfordert die Bereitschaft, den Gegner genau abzuschätzen und ehrlich die eigenen Stärken zu erkennen.

Wir sehen nicht die Welt, wir sehen unsere Vorstellung von der Welt.

Wir alle haben die Freiheit, die wir uns selbst schaffen.

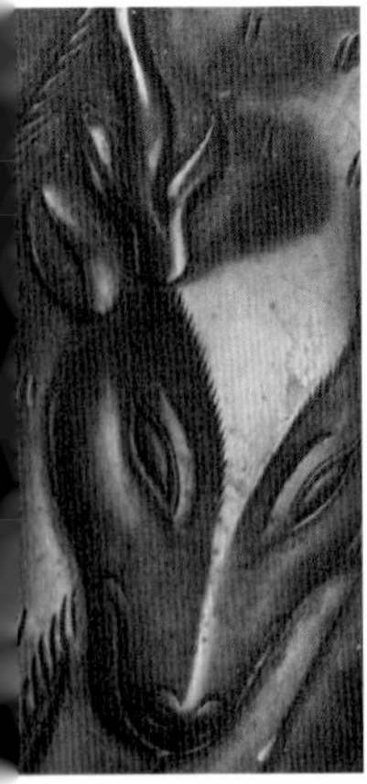

Die wachsende Erfahrung, dass alles, was geschieht, mit einem selbst verbunden ist, schafft Verantwortung und Mitgefühl im Alltag.

Störgefühle sind teuer und unangenehm. Statt das Holz eines alten Baumes zum Heizen zu verwenden, wirft man Geldbündel in den Ofen und verbrennt sich beim vergeblichen Herausfischen zusätzlich noch die Finger.

Das Tückische an Störgefühlen ist, dass man sie trotz ihrer Unbeständigkeit für wirklich hält und dementsprechend handelt.

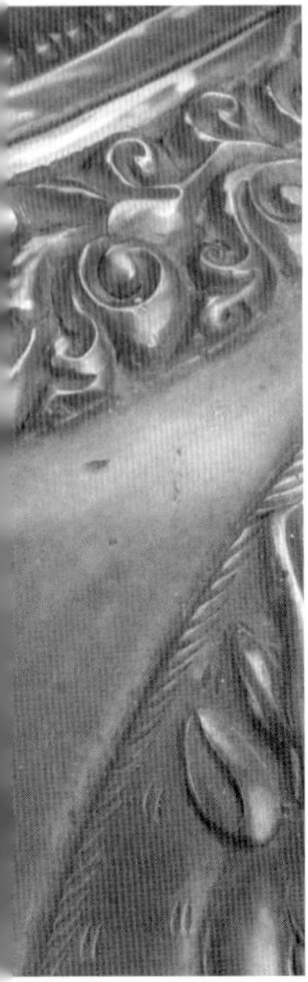

Was die Welt vor allem braucht, ist ein kraftvolles, vorausschauendes Wirken ohne Störgefühle.

Nur Weisheit gewährt letztendliche Freiheit.

Befreiung und Erleuchtung sind eine Frage von Ausdauer und Mut.

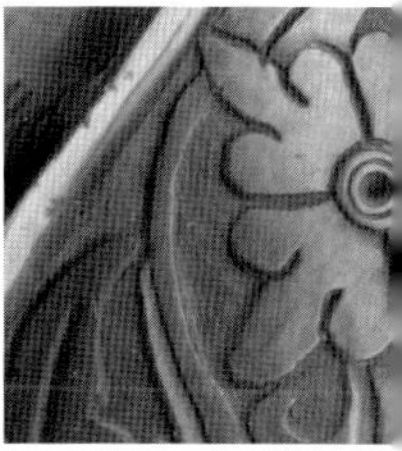

Der gegenwärtige Augenblick ist immer der wertvollste; er wird weder zurückkehren noch kann er wiederholt werden: Jede Minute kann die letzte sein, und man sollte deshalb bewusst bleiben und seine Zeit nicht vergeuden.

Nichts macht einen menschlicher, als wenn man sich eine Grauzone leistet, in der nicht sofort alles beurteilt werden muss. Hier können sich die Eindrücke laufend ergänzen und von selbst heranreifen, bis alle ernsten Zweifel beseitigt sind. Das daraus entstehende wunderbare Gefühl ermöglicht einem, erwachsen und aus reifer Überzeugung heraus zu handeln.

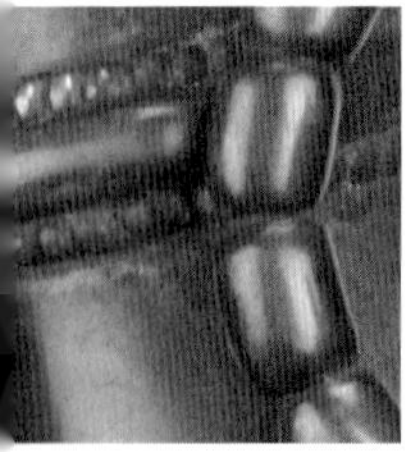

Die höchste Sichtweise hat wenig Wert, wenn man dabei nicht das Wohl aller im Sinn hat. Befreiend wirkt die Erkenntnis, dass letztendlich alles ein Traum ist.

Alles ist ein Traum. Daher ist alles möglich.

Aus einem schönen Traum kann man in die Befreiung erwachen, nicht aus einem schlechten.

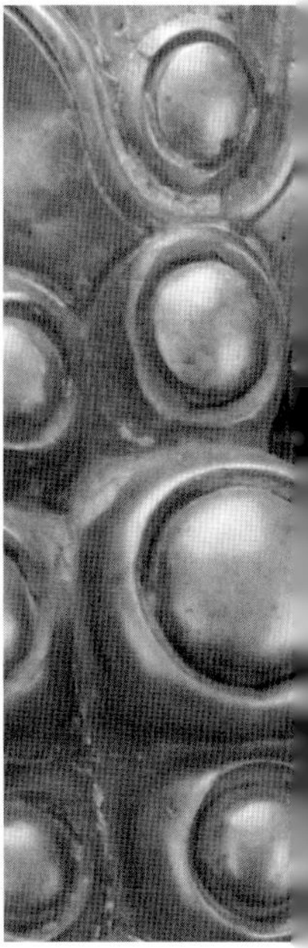

Aus einem schönen Traum
kann man in die
Befreiung erwachen, nicht
aus einem schlechten.

KAPITEL V

Müheloses Verweilen

Es geht um das Meer unterhalb der Wellen, den Spiegel, in dem die Bilder erscheinen, das Bewusstsein, das an sich rein bleibt, was auch immer darin erscheinen mag.

Wer zwischen bedingtem Glück und Leid, zwischen Mögen und Nichtmögen hin und her schwankt, wird nur wenig von der Weite mitbekommen, die hinter allem liegt und in der sich alles wieder auflöst.

Himmel und Hölle geschehen im eigenen Geist.

Der Geist ist nicht zusammengesetzt.
Er wurde nicht geboren und wird nicht sterben.
Er kam von nirgendwo her und kann auch nicht vergehen.

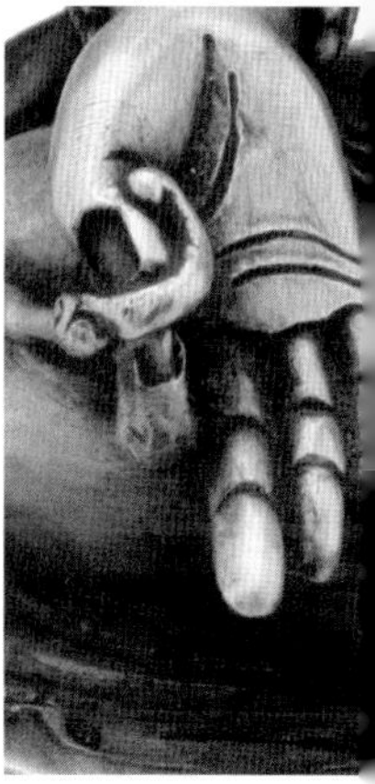

Die Erfahrung von der Weite des Raumes ist viel bedeutungsvoller als alles, was er an Erscheinungen hervorbringen kann. Diese Einsicht führt einen mehr und mehr in die unzerstörbare Mitte.

»Meditation im Alltag« bedeutet, das Bewusstsein von dem, was wahrnimmt, nicht zu verlieren. Viele spüren, wie wichtig das ist, aber nur wenige trauen es sich zu. Es geht um ein beständiges, bewusstes Einüben der Sichtweise, bis der Erleber selbst im Strom der stärksten Erfahrungen das Gefühl von sich nicht mehr verliert.

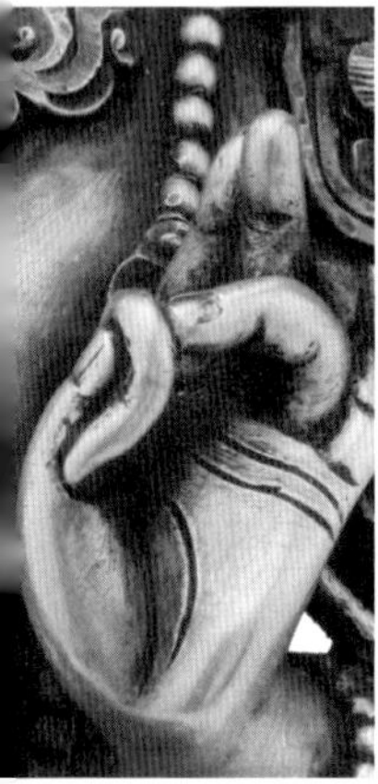

Der innere Reichtum, der entsteht, wenn man in der unmittelbaren Erfahrung ruht, ist unbeschreiblich.

Meditation heißt müheloses Verweilen.

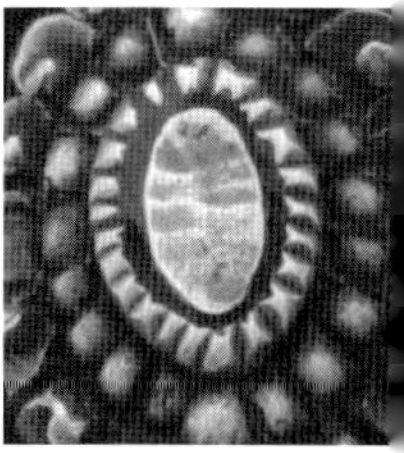

Was wir in der Meditation verstehen, gibt Kraft für unser Leben; was wir im Leben erfahren, bestärkt uns in der Meditation.

Entdeckt das Bewusstsein das Zeitlose und verlagert sich allmählich dahin, wird alles zum Geschenk.

Wer sich weder von den auftauchenden Gedanken ablenken lässt noch sie beurteilt, arbeitet ohne inneren Verschleiß. Diese Sichtweise setzt alle Kraft frei.

Echtes Mitgefühl bedeutet nicht, mit feuchten Augen in einer Höhle zu sitzen, sondern harte Arbeit – 20 Stunden am Tag.

Durch Meditation rutscht das, was man im Kopf verstanden hat, ins Herz.

Wenn die Eindrücke im Geist zur Ruhe kommen, entfaltet sich die befreiende Einsicht, dass es das verletzliche Ich nicht wirklich gibt.

Gedanken, auch die störendsten, sind das freie Spiel des Geistes. Sie sind freudige Ausdrücke seiner Kraft.

Die Schritte auf dem Weg sind nicht die Erleuchtung selbst. Aber ohne zu gehen, kommt man nicht ans Ziel.

Nichterleuchtung ist eine Trugvorstellung, die man auflösen kann.

Wer viele gute Eindrücke aufgebaut hat, gewinnt Vertrauen in den Geist. Erst dann ist der Sprung in das direkte Erkennen seiner Natur möglich.

Die Einsicht, dass alles, was geschieht, an sich strahlt und viel spannender und sinnvoller ist als jede Vorstellung davon, lässt alles Unechte verblassen.

Wie ein See, der zur Ruhe kommt und seine Tiefe zeigt, scheint der Erleber durch alles Erlebte hindurch.

Ist man frei von Erwartungen, ist jeder Augenblick ein Geschenk. Ist man darüber hinaus noch furchtlos, bietet jede Sekunde die Möglichkeit zur Entwicklung.

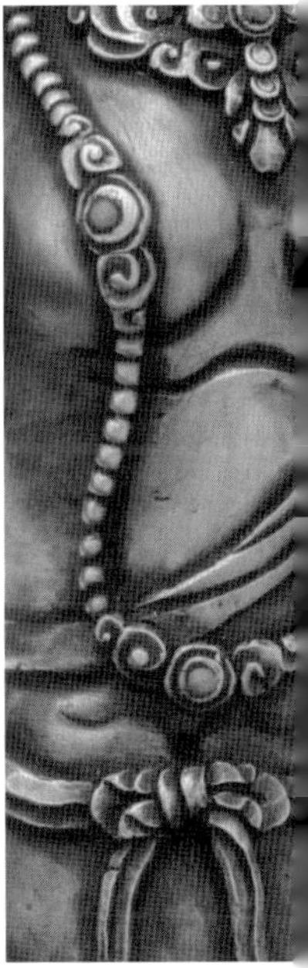

Da alles seinem Wesen nach schon vollkommen ist, braucht man nur noch loszulassen.

Jeder kennt den Geschmack von Meditation: die Augenblicke im Leben, in denen Freude aus eigener Kraft entsteht und alles einfach Sinn hat. Ohne etwas hinzuzufügen, entfaltet sich das unmittelbare Gewahrsein. Unbemerkt kam das Meer des Geistes zur Ruhe, und man sah klar; der Staub fiel vom inneren Spiegel, und man verstand.

Seinem Wesen nach ist der Geist Raum. Nicht wie eine weiße Leinwand, die nichts zeigt, wenn keine Bilder auf sie gestrahlt werden, sondern zeitlos von innen heraus strahlend wie die Sonne.

Wenn du an Erleuchtung denkst, ist sie im Nu da.

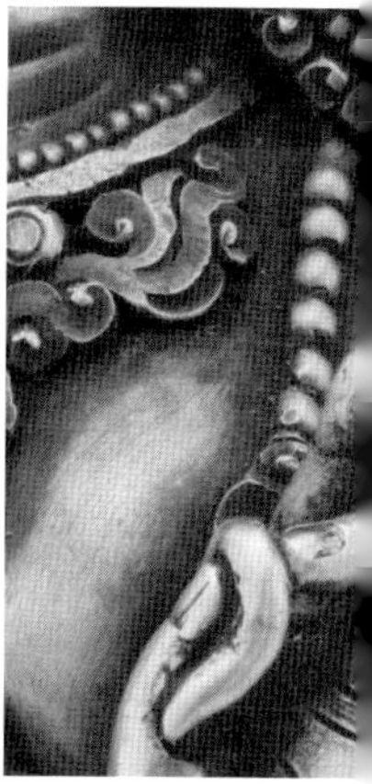

Wenn du an Erleuchtung denkst, ist sie im Nu da.

KAPITEL VI

Großzügigkeit eröffnet das Fest

Die Welt ist wie ein reich geschmückter Saal. Alles ist zur Feier bereit, jeder Reichtum an möglichen Erfahrungen liegt im Raum; doch erst wenn jemand zu tanzen beginnt, fängt das Fest an.

Der beste Trick überhaupt ist, sich selbst zu vergessen.

Vertrau dir selbst. Geh über deine Grenzen hinaus und genieße die Freiheit des Raumes.

Großzügigkeit schafft Verbindungen, Geduld festigt sie und freudige Anstrengung lässt sie wachsen.

Fähigkeiten entstehen, indem man anderen nützt.

Zwei Entwicklungsschritte wiederholen sich bis zur Erleuchtung: das Vermehren von guten Eindrücken im Geist und das Vertiefen der Weisheit. Durch sinnvolles Denken, Sagen und Tun findet der Geist eine Ebene der Ruhe. Sie setzt Fähigkeiten frei, die früher durch innere Zustände blockiert waren; dadurch wird Entwicklung möglich. So, wie die Sonne der guten Eindrücke emporsteigt und die Wolken der Unwissenheit und Störgefühle verdunsten, wächst die menschliche Reife.

Man sollte sich angewöhnen, das für einen selbst schwer Erreichbare anderen zu wünschen. Sie sind in der Überzahl und daher wichtiger als man selbst.

Wünsche sind wirkungsvoller, wenn man sie auf die weite Zukunft ausrichtet und zum Besten aller macht.

Die Partnerschaft zweier reifer, glücklicher Menschen belebt ihr Umfeld, und viele können dadurch gewinnen. Man bekommt das Vertrauen, dass die Welt sich selbst beschenkt und die Summe mehr ist als die Teile. Bringt der Mann zum Beispiel ein Drittel der geistigen Möglichkeiten und die Frau ein zweites, entsteht das letzte Drittel selbsttätig durch das vertrauensvolle Spannungsfeld aus dem Raum. Unerwartete Möglichkeiten der Ergänzung und Bereicherung werden lebendig, und sowohl die Beteiligten als auch ihr Umfeld strahlen.

Je mehr Liebe man für die Wesen entwickelt, umso einfacher wird das Leben. Man ist weniger angreifbar, reagiert seltener auf »Ungerechtigkeiten« und lernt, Fremde und Feinde mit anderen Augen zu sehen. Der Freundeskreis wird größer, und Veränderungen werden gelassener hingenommen.

Wer versucht, seinen Partner zu erziehen, wird schnell einsam.

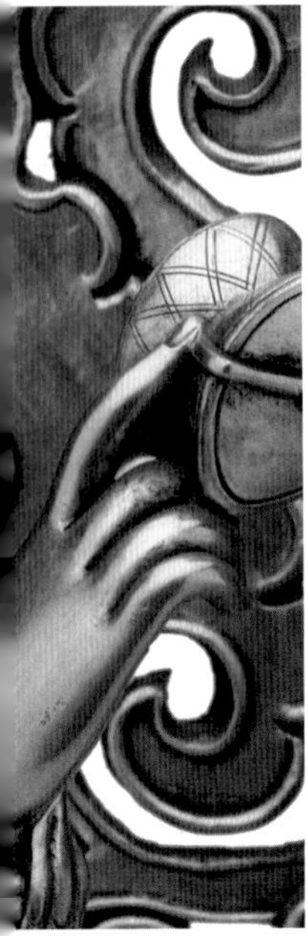

Die Einstellung bildet die Grundlage einer jeden Beziehung. Ob sie letztlich gelingt oder nicht, hängt weitgehend davon ab, wie sehr man das Glück des anderen für wichtiger nimmt als das eigene. Während Selbstbezug und Enge früher oder später jedes Glück scheitern lassen, gewinnen alle, sobald es gelingt, das Wohl des anderen über das eigene zu stellen.

Ein Buddha erfährt in einer Fingerspitze ständig das Glück, das Liebende in den besten Augenblicken der Vereinigung im ganzen Körper erleben.

Erwachsen werden heißt, Angenehmes als Segen zu sehen und Schwieriges als Reinigung und Möglichkeit zur Entwicklung.

Liebe gelingt, wenn man den Partner nicht beherrschen oder einschränken möchte, sondern ihn mit seinen innewohnenden Eigenschaften, seiner Kraft, Schönheit und seinen Möglichkeiten vertraut macht.

Störende Gedanken und Gefühle verschwinden durch Nichtbeachtung. Lässt man sie neben dem herlaufen, was anliegt, geht ihnen bald die Luft aus. Man sollte sich dabei aber den Spaß nicht entgehen lassen, die vorbeiziehenden Trips gelegentlich anzuschauen. So beobachtet, lehrt einen der Zoo der eigenen wechselnden Gefühle, anderen besser zu helfen. Die inneren Tiger werden dann sichtbar dünner, und den Krokodilen fallen die Zähne aus. Störgefühle leben nämlich nur von der Bestätigung, die ihnen geschenkt wird.

Es ist sehr hilfreich, sich bei unerfüllten Wünschen der Vergänglichkeit aller Dinge bewusst zu sein. Zugleich sollte man all die guten Gefühle und Eindrücke, die man selbst erlebt, anderen wünschen.

Die wichtigsten Begleiter im Alltag? Mitgefühl und Weisheit. Will man noch dazu ein Vorbild für andere sein, arbeitet man hart.

Solange man eine Lage verändern kann, braucht man nicht ärgerlich zu werden, man ändert sie einfach. Wenn man sie nicht verändern kann, lohnt sich der Ärger auch nicht, denn man kann sie ja nicht ändern.

Je weniger man braucht, desto schneller werden die Angebote des Lebens zu Luxus. Je mehr Erwartungen man hat, desto eher wird man enttäuscht.

Nicht das Tun, sondern das Loslassenkönnen zeugt von Weisheit.

Alles im Leben ändert sich mit der Einsicht, dass es tatsächlich einen Geist gibt. So entsteht Raum für Möglichkeiten, und man kann die äußere wie innere Welt so gestalten, wie man sie haben möchte, und greift beglückt in riesige Schatzkisten.

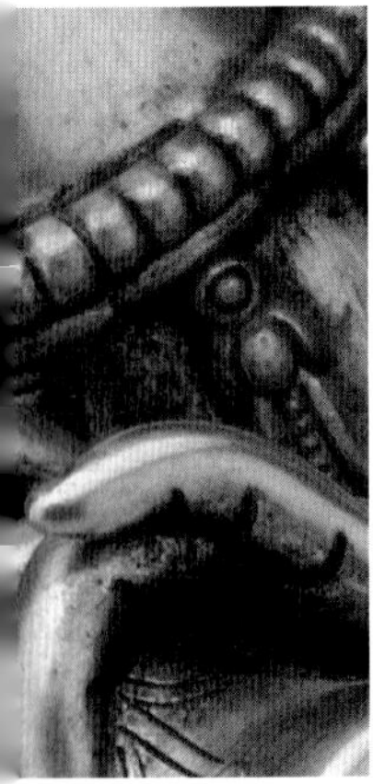

Starke zwischenmenschliche Beziehungen sind Ausdruck eines gemeinsamen Karmas. Um zu erkennen, ob dieses nützlich oder schädlich ist, beobachte einfach, wie deine Umgebung die neue Liebe erlebt.

Gebt niemals eure Kraft in Dinge, die ihr nicht mögt – geistige Eindrücke von heute schaffen eure künftige Welt.

Die Beobachtung der Vergänglichkeit ist der beste Weg, die Leerheit und Unwirklichkeit aller Dinge zu erfahren.

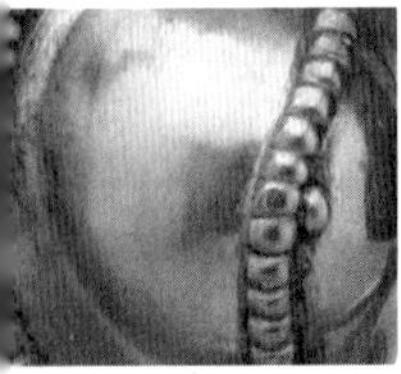

Jede selbst entstandene und mühelose Einsicht gewährt einen Einblick in den Reichtum der Erleuchtung.

Wird verwirklicht, dass man weder der vergängliche Körper noch die sich ständig ändernden Gefühle ist, sondern der unzerstörbare, zeitlose und erlebende Raum selbst, werden Ängste im Nu wurzellos. Denn der Geist war immer Raum, offen, klar und alles enthaltend. Was könnte ihn schädigen, wer ihm Leidvolles antun?

Alles ist immer die Kunst des Möglichen.

Wenn ich eine Entscheidung treffe, verfolge ich zwei Ziele: Das Ergebnis muss den meistmöglichen Wesen so weit wie möglich in die Zukunft hinein nutzen. Und sie sollte Raum und Freiheit schenken, denn aus ihnen heraus entsteht alles.

In einer reichen und beglückenden Beziehung bietet man sich gegenseitig Möglichkeiten für selbst gewählte Entwicklungsschritte. Sollte man später auseinander gehen, wird man sich immer wieder mit Freude begegnen.

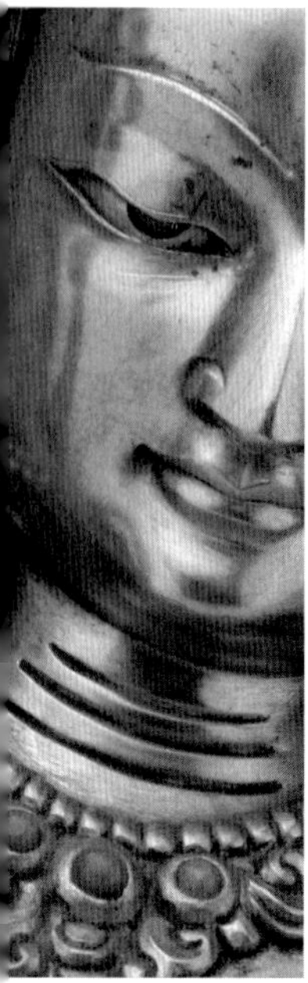

Die Frau bringt durch ihre Beständigkeit und Empfindsamkeit Tiefe in die Beziehung. Der Mann bereichert sie durch sein »dickeres Fell«, indem er sagt: »Nimm das nicht so ernst, wirf die Gedanken weg!« Lebt man ganz in seiner eigenen Welt, wird man leicht glatt, cool und oberflächlich. Viele entdecken dann erst beim Sterben, dass sie überhaupt gelebt haben. Leider verstehen manche erst in diesem Augenblick, wie kostbar das Leben war.

Erfährt man andere als spannend und begabt, bringt das nur Freude; zieht man stattdessen ständig ihre Fehler ans Licht, verarmt man geistig. Man ist dann immer in schlechter Gesellschaft und verspürt nur wenig Neigung, die eigenen Fähigkeiten zu entfalten.

Die Kunst der Liebe besteht darin, dem Gefährten Raum zu geben. Eine gute Verbindung baut immer auf Freiheit und Wachstum.

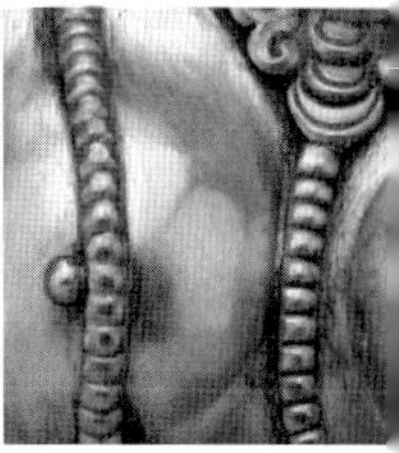

Peinliche und unangenehme Gefühle wie Angst entfernt man am besten, indem man immer und überall Wünsche zum Besten aller Wesen macht.

Die Eigenschaften eines Buddhas zeigen sich als Furchtlosigkeit, Freude und tatkräftiges Mitgefühl.

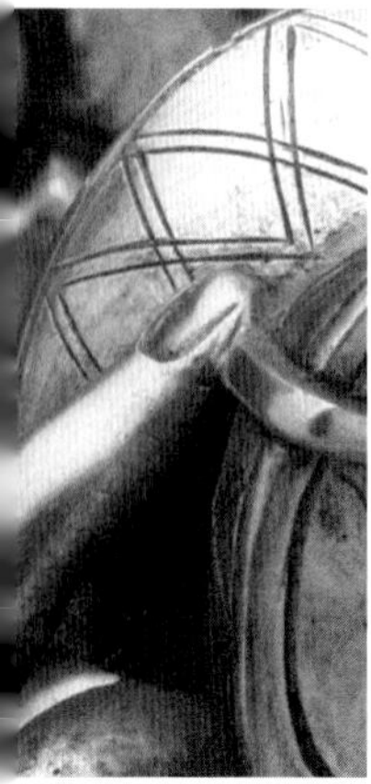

Die schnellste Art der Entwicklung ist die, seine guten Eigenschaften in die Welt zu tragen.

In Dänemark nennt man ein sich liebendes, lange eingespieltes Paar »zweiköpfiges Ungeheuer«: Ist alles im Gleichgewicht, geht es Schulter an Schulter vorwärts. Gibt es Hindernisse, steht man Rücken an Rücken. Jeder nutzt seine Fähigkeiten zum Besten aller, und man passt gegenseitig aufeinander auf. Dieses vertrauende »Wir-Verhalten« verändert bei reifen Menschen nachhaltig den persönlichen Austausch mit der Welt.

Sei unabhängig, finde deine innere Stärke, geh in die Welt und strahle auf alle Wesen!

Benimm dich wie ein Buddha, bis du einer geworden bist.

Benimm dich wie ein
Buddha bis du einer
geworden bist.

KAPITEL VII

Höchste Freude ist höchste Wahrheit

Buddha ist ein verwirklichter Bewusstseinszustand, der einem jeden innewohnt.

Je mehr selbst entstandene Freude man empfindet, desto näher ist man der Erleuchtung.

Wer die Strahlkraft des Spiegels erfährt, die zeitlos hinter den Bildern verweilt, ist nicht mehr vom Strom der Erfahrungen gefangen. Das ist der Sinn von Buddhas Lehren.

Die Gewissheit von dem unzerstörbaren Wesen des Geistes ist die Grundlage des Diamantweges. Er ermöglicht die Erfahrung von Raum als Freude durch Meditationen auf Buddhaformen. Durch die Rückkopplungserfahrungen werden unzählige Knöpfe in den Energiebahnen des Körpers sowie im Speicherbewusstsein gedrückt. So werden über wenige Jahre im Menschen Veränderungen hervorgebracht, für die beim bloßen Studieren viele Leben verwendet werden müssten. Da der Diamantweg die Ganzheit der Wesen belebt und Gefühle, Triebe und Träume in den Erleuchtungsweg einspannt, entsteht sehr schnell die gesuchte letztendliche Reife. So erlebt man das Zeitlose und sieht, was hinter und zwischen den Gedanken ist, das, was alles hervorbringt, weiß und kann. Mit unbeschreibbarer Wonne wird einem dabei klar, dass der Geist bewusst sein kann, ohne sich einer Sache bewusst zu sein, und dass seine vollkommenen Eigenschaften nicht vom Erleber entfernt werden können. Wer die Mittel zu solchen Erfahrungen einsetzen kann, sollte sich beschenkt fühlen: Er wird nur glücklicher werden.

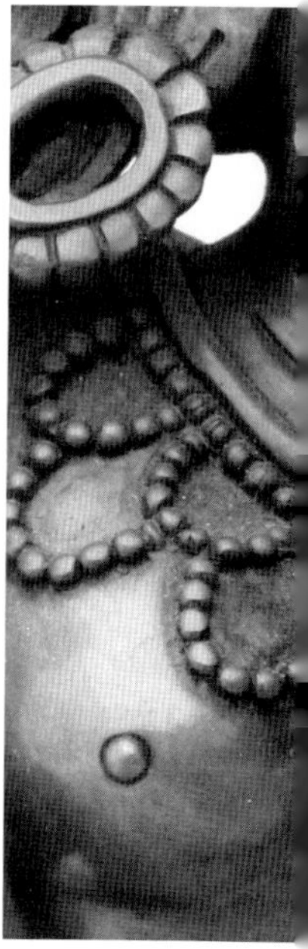

Der Geist ist wie die Sonne – er strahlt von sich aus.

Der Wunsch, anderen und sich selbst Gutes zu tun, ist etwas völlig Natürliches. Alle gewinnen durch diese Einstellung.

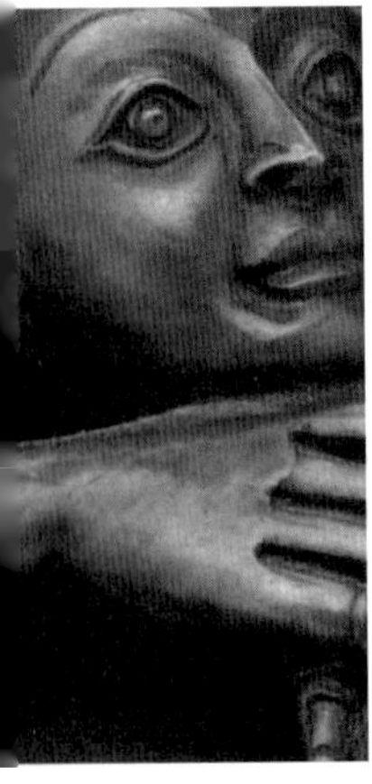

Das Beste und einzig Zeitlose, was man der Welt schenken kann, ist die Gewissheit, dass höchste Freude gleich höchster Wahrheit ist. Schafft man es zudem, die Wesen in geschickter Weise auf Ursache und Wirkung aufmerksam zu machen, gibt man ihnen damit den Schlüssel zu wahrem Glück.

Störende Gedanken und Gefühle lösen sich am schnellsten durch Nichtbeachtung auf. Es ist, als lasse man einen Dieb in ein leeres Haus kommen.

Die Menschen sind viel großartiger und fähiger, als die Verkäufer von Selbstzweifeln und abhängig machenden Lebensstilen zugeben wollen.

Die Einsicht, dass man aus einem guten Traum in Befreiung und Erleuchtung aufwachen kann, während schwierige Taten nur zu Leid führen, verbindet Weg und Ziel.

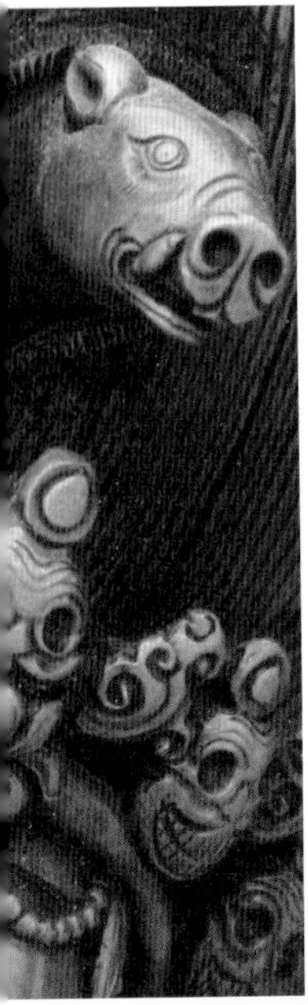

Wahrheit ist nicht irgendeine mittlere Erlebnisebene zwischen rosigen Träumen und schwarzen Löchern. Höchste Wahrheit ist die Vervollkommnung. Sie ist höchste Freude, vollkommenes Glück, völliger Überschuss, unendliche Liebe und unerschütterlicher Mut. Sie wird in den Augenblicken erfahren, in denen wir über unsere Grenzen hinausgehen und wahrhaftig leben.

Die Wirklichkeit jenseits des Verstandes ist nicht zusammengesetzt.

Buddha riet, keine Zuflucht zu äußeren und inneren Erscheinungen zu nehmen. Stattdessen zeigte er auf die unvergängliche Buddhanatur, die jedem innewohnt. Wahr ist, was durch die Augen der Wesen schaut und durch ihre Ohren hört. Es hat weder Farbe noch Form. Es macht nicht dick und kann nicht krank werden. Seinem Wesen nach ist der Geist weiter, offener Raum voller Möglichkeiten.

Die Erfahrung, dass der erlebende Raum unzerstörbar ist, dass er sich unendlich reich ausdrückt und in seiner Vielfalt durch nichts behindert werden kann, macht alle Erwartungen und Befürchtungen zunichte.

Erleuchtete Weisheiten erscheinen ohne jede Anstrengung von selbst im Hier und Jetzt. Der Geist entfaltet mühelos spiegelähnliche, ausgleichende, unterscheidende, erfahrungsmäßige und alles durchdringende Weisheiten.

Die Erkenntnis, dass der Geist ohne Anfang, Ende oder andere Begrenzungen ist, macht frei.

Grundlegende Unwissenheit lässt Raum als Trennung und Abstand erscheinen. Man erkennt ihn dann nicht als einen Behälter, sieht nicht, dass es immer viel mehr Weite hinter den Dingen gibt als zwischen ihnen und der Raum an sich alles umfasst. Während sich der äußere Rahmen – die Welt – aus den geistigen Neigungen der Wesen verdichtet, spiegelt sich die eigene Erfahrung davon in deren Körpern, Umgebungen und Verhalten. Sowohl die Welt als auch unser Erleben ist Ausdruck des Geistes.

Tiefste Furchtlosigkeit entsteht, wenn der Erleber sein eigenes Wesen als unzerstörbaren Raum erkennt.

Obwohl der Geist an sich frei von Merkmalen ist, entsteht dennoch alles Äußere wie Innere als sein ihm innewohnender Reichtum. Freude und sinnvolle Handlungen entspringen seinem Raum, spielen dort frei, werden durch seine Klarheit erkannt und verschwinden wieder mühelos in seine Unbegrenztheit zurück.

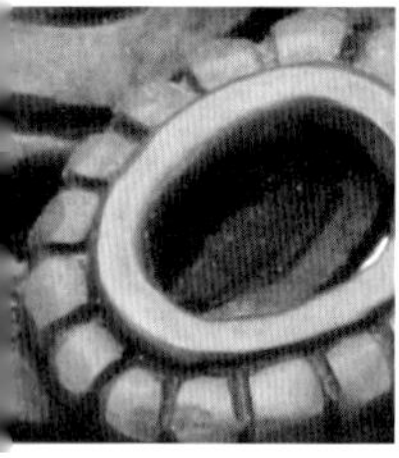

Der Geist kann nicht gefunden werden, weil er kein Ding ist. Es gibt nichts, was an ihm sichtbar gemacht oder untersucht werden könnte. Da er ohne Größe, Gewicht oder Farbe ist, ohne Mitte und in jeder Weise leer und unbegrenzt, kann er sich auch nicht von irgendwo anders her beobachten. Der Seher und das Gesehene sind beide der Geist. Wer das versteht und aufhört, irgendetwas als vom Geist getrennt beweisen oder wahrnehmen zu wollen, wird immer häufiger die Klarheit seines Gewahrseins erfahren. Dadurch erwacht die ihm innewohnende Einsicht und Kraft, und der Geist erfährt sich in seiner Ganzheit. Dieses Verweilen im zeitlosen Erleber, die ständige Einheit von dem, was gerade jetzt sieht und erfährt, mit allem, was äußerlich wie innerlich geschieht, ist das Ziel. Dadurch wird jede Erfahrung zur höchsten Erfüllung.

Ein Stück Kohle wird beim Säubern nur kleiner, während ein Diamant immer kräftiger strahlt. Der Geist ist wie ein Diamant. Wer die Gewissheit erreicht hat, dass die Wahrnehmung und die Erscheinung untrennbar eins sind, sich gegenseitig beeinflussen und zugleich die freie Entfaltung des Geistes sind, kann genüsslich in dem verweilen, was ist; denn jeder Eindruck befreit und reinigt sich aus eigener Kraft.

Zweiheit ist letztlich nur eine Vorstellung. Die alten tibetischen Texte verwenden zur Erklärung dieser Tatsache das Bild der Luft in einem Tonkrug: Wird der Krug zerschlagen, verschwindet jede Abgrenzung zwischen innen und außen. Die Trennung ist also nur scheinbar.

Buddhismus lehrt, wie die Dinge sind. Sollte die Wissenschaft gewisse Aussagen der Lehre widerlegen können, was wohl bis heute nicht der Fall ist, sollte man ihren bewiesenen Erkenntnissen folgen. Es kann keine annehmbare Religion geben jenseits von Wahrheit und Menschlichkeit.

Der Lehrer ist der Spiegel des eigenen Geistes. Die oder der Nichtbefreite sieht nicht die Welt, sondern den Ausdruck des eigenen Geistes. Wer einen guten Lehrer auf einer hohen Ebene erfährt, bezeugt dadurch in erster Linie seinen inneren Reichtum.

Man muss im Buddhismus nichts glauben. Man kann sich auch bis zur Erleuchtung durchzweifeln; nur dauert es länger.

Die Leuchtkraft des Geistes ist stärker als alle Bilder in ihm.

Die Grundlage letztendlicher Weisheit ist eine unerschütterliche Erfahrung von der Unbegrenztheit des Geistes. Zu diesem Zweck muss der Erleber meditieren und sich als grenzenloser bewusster Raum erkennen, jenseits von Anfang, Ende, Mitte oder Grenze.

Die Sonne strahlt immer, die Wolken kommen und gehen.

Im Diamantweg spiegelt der Lehrer dem Schüler den eigenen Geist. Man kann Vollkommenheit nur wahrnehmen, weil sie einem bereits innewohnt.

Unsere wertvollsten Eigenschaften wie Liebe, Weisheit, Freude, Mut und Kraft sind keine Beigaben zum Geist, sondern zeitloser Ausdruck seines Wesens. Seine Raum-Klarheit bringt ständig und immer spielerisch neu seine grenzenlosen Möglichkeiten hervor und zeigt die Welt als Reines Land.

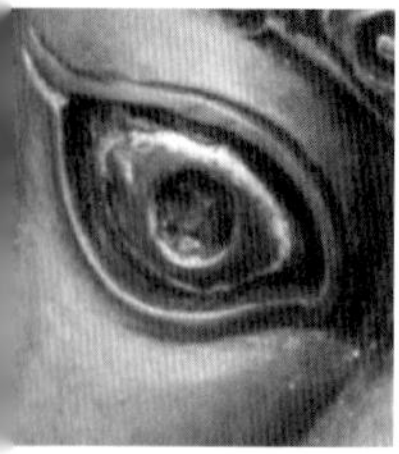

Nur der Geist kann Glück erfahren. Der Kluge sucht das Glück dort, wo es erlebt wird.

Erleuchtung ist das stärkste und sicherste Glück überhaupt. Was nur den Raum als Ursache hat, kann weder vergehen noch sich auflösen.

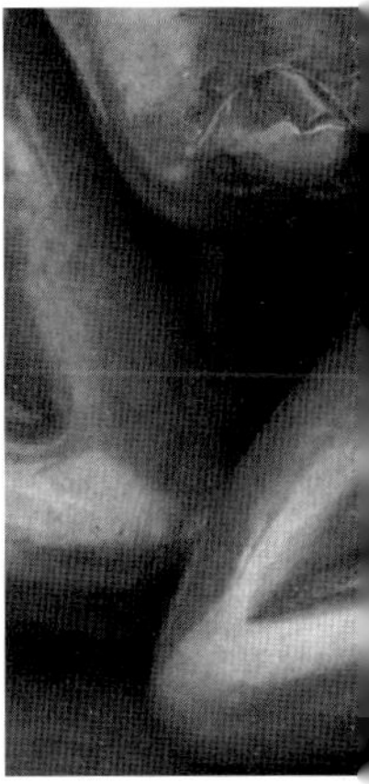

Wir werden heutzutage von Eindrücken überflutet, zu denen wir nie richtig Stellung nehmen können. Wir haben so viele Bilder im Spiegel, dass die Verbindung zum Spiegel verloren geht.

Alle Meditationen des Diamantweges zielen auf Erleuchtung. Man verhält sich wie ein Buddha, bis man einer geworden ist. Drei grundlegende Eigenschaften des Geistes sind die Hebel dazu: sein Bewusstsein, seine Kraft und seine Fähigkeit zur Begeisterung. Alle drei bewirken einen Zustand erhöhter Empfindsamkeit, wodurch der Erleber sich als nicht-dinglich, leuchtend klar und seinem Wesen nach unbegrenzt erfährt.

Was immer im Geist auftaucht, bestätigt nur seinen Reichtum, seine Möglichkeiten und seine Kraft. Höchste Wahrheit ist immer höchste Freude und Leistungsebene! Jenseits von Hoffnung und Furcht wird erleuchtetes Bewusstsein hervortreten – und dann geschieht alles von allein.

Die Fähigkeit zum Bewusst-Sein ist das Licht des Geistes. Es besteht aus einer nicht abreißenden Folge von ständig frischen »Aha-Erfahrungen«. Auch wenn die selbst entstandene Freude der Erleuchtung einen zutiefst verändert und das Herz zu groß macht für den Brustkorb: Es ist alles allein der eigene Geist.

Die Erleuchtung des jungen Siddharta Gautama geschah, als er erkannte, dass es keinen eigenen, von etwas abgetrennten Geist gibt. Damit fielen Hoffnung und Furcht, Einengungen durch Morgen und Gestern, Anhaftung und Widerwillen weg, und die ungehinderte Entfaltung seines Bewusstseins machte ihn zu einem Buddha.

Wer sich vor allem darauf einstellt, dass der Geist wie der Raum ist, wird furchtlos. Was seinem Wesen nach kein Ding ist, kann auch nicht zerstört werden.

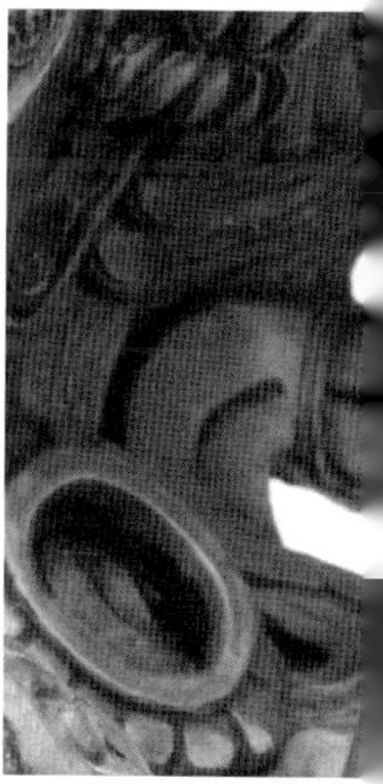

Die Erkenntnis, dass der Geist ohne Begrenzungen ist, macht frei. Man genießt dann Erwartetes ebenso wie Unerwartetes und verliert keine Kraft.

Die Erkenntnis dass der Geist ohne Begrenzungen ist, macht frei. Man genießt dann Erwartetes ebenso wie Unerwartetes und verliert keine Kraft.

KAPITEL VIII

Den Geist kennen zu lernen, ist das Ziel

Wer nicht an Gedanken, Gefühlen und Vorstellungen festhält, erlebt unmittelbar und im Augenblick.

Richtiges Verweilen bedeutet, der Erleber selbst zu sein, jenseits von Hoffnungen und Befürchtungen. Man erkennt dabei, dass außer dem Raum alles Erlebte irgendwann entstand, sich ständig verändert und auch wieder auflösen wird.

Im stillen Meer der Geistesruhe gefestigt, wird einem im Nu alles geschenkt, und der Geist entdeckt mit ständigem Staunen und voller Wonne seinen Reichtum. Er ist weder ein schwarzes Loch, in dem nichts geschieht, noch eine weiße Wand, die einfach das auf sie Gestrahlte wiedergibt. Hinter jeder wechselnden Erfahrung strahlt immer sein klares Licht, das alles ermöglicht.

Das Licht des Geistes ist nichts Äußeres. Es ist ein ständiger Zustand von Frische. So entstehen die Einsichten des Augenblicks als ein ständiges »Aha«.

Mit gelassener Sichtweise lässt man die Gedanken vorbeiziehen, ohne sie zu beurteilen. Man nimmt sie einfach zur Kenntnis und erlaubt ihr freies Spiel.

Was geschieht in der Meditation? Es entsteht eine immer bewusstere Offenheit. Je häufiger man meditiert, desto länger und überzeugender werden die Zeiträume, in denen Raum als das wahrgenommen wird, was hinter und zwischen den Erlebnissen liegt. Befreiende Einsichten und Buddhaformen erscheinen ohne Anstrengung und als Ausdruck der ihm innewohnenden Erleuchtung.

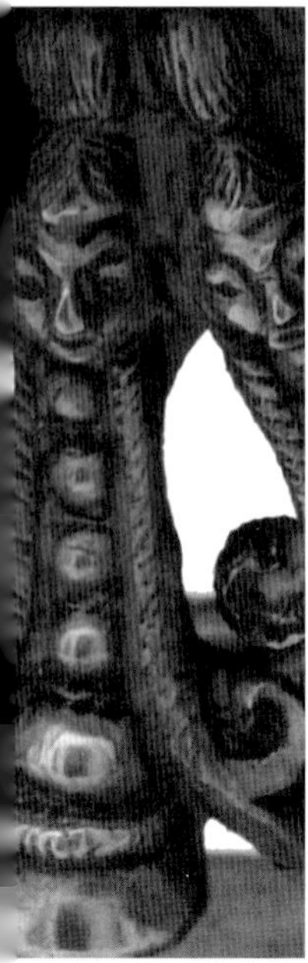

Einziger Sinn einer jeden buddhistischen Übung ist es, den Geist als frisch und mühelos zu erleben.

Ein Unerleuchteter ist wie jemand, der sehr gute Augen hat und sie zuhält. Der Erleuchtete macht einfach die Augen auf und sieht Erleber und Erlebtes zugleich.

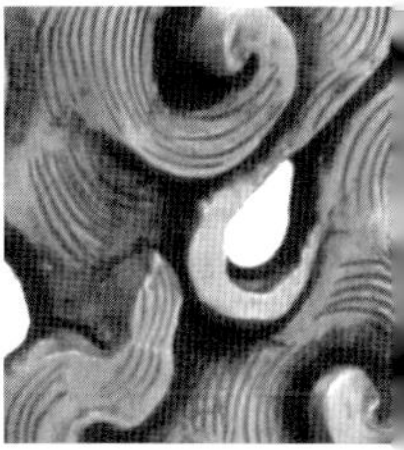

Alles ist spannend, nur weil es geschieht.

Viele verwenden das Mantra *»Om mani peme hung«*, weil es sich gut anfühlt. Kennt man aber seinen Sinn, verstärkt das die Wirkung: Die Schwingung der Silbe OM entfernt Stolz, die von MA Eifersucht, das NI entfernt Anhaftung, PE durchschneidet Unwissenheit, ME löst Geiz auf, und das HUNG formt Zorn um.

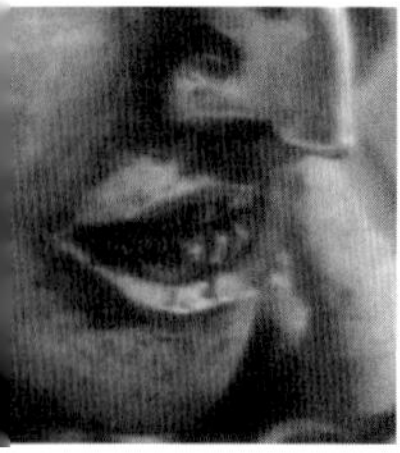

Kein Mantra arbeitet so tief wie die Augenblicke nackten Gewahrseins.

Die größten Freuden entstehen in den Augenblicken, in denen man im Hier und Jetzt einfach vergisst, etwas zu wollen. Inneres und Äußeres wechseln sich spielerisch ab. Dieses bewusst zu erleben, lässt eine riesige Welle von Erfüllung und Sinn in einem hochsteigen.

In der Meditation sind Gedanken kein Feind. Man sieht sie aus eigener Kraft entstehen, lässt sie entspannt vorbeiziehen und sich wieder auflösen.

Beim Sich-Auflösen von Störgefühlen empfindet man eine Selbstbefreiung des Geistes, und es entsteht ein Meer von Erfüllung. Innere Zustände erscheinen jetzt als Quelle der Kraft.

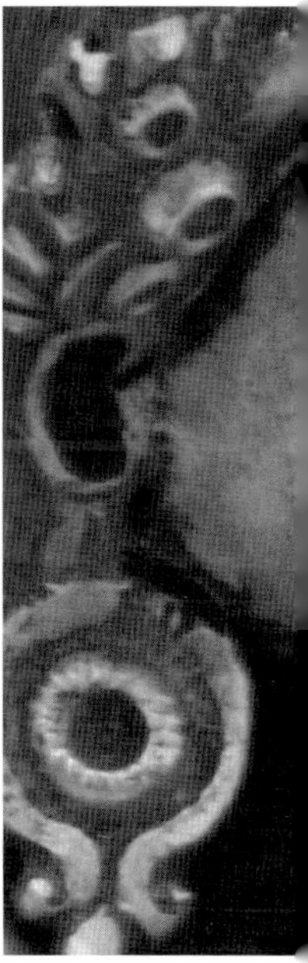

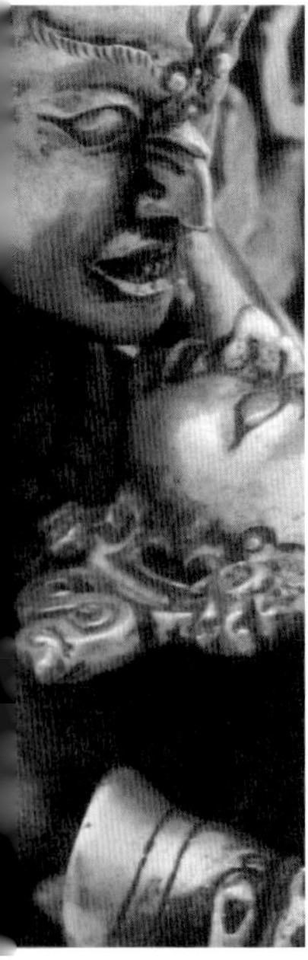

Meditation bedeutet nicht, etwas erschaffen zu wollen, sondern im augenblicklichen Vertrauen zu verweilen, in der Erfahrung von dem, was ist. Man bleibt in der Mitte der vorhandenen Kraftkreise, ist entspannt in der Vielfalt der Geschehnisse und verweilt fröhlich-bewusst im Augenblick des Erlebens. Hier muss nichts entschuldigt oder bewiesen werden, kein Festhalten oder Wegschieben hätte Sinn. Man ruht mit offenen Sinnen in der Gegenwart und ist eins mit dem, was ist. Jenseits aller Vorstellungen und ohne jeden Zweifel wird wahrgenommen, dass Bewusstsein gleich Raum ist.

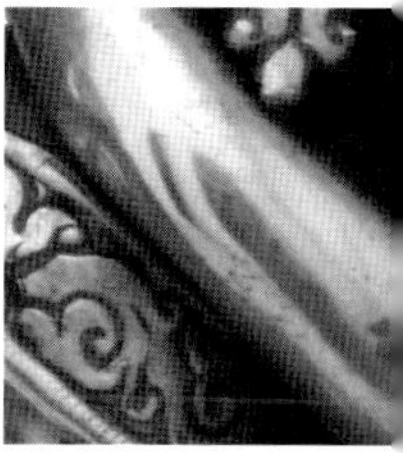

Der Erleber an sich lässt sich weder verbessern noch verschlechtern. Was immer im Geist auftaucht, bestätigt nur seine Möglichkeiten. Materialistische Gedanken sind kein Zeichen dafür, dass die Meditation nichts taugt. Man betrachtet sie einfach als praktisch. Nihilistische Gedanken bedeuten auch nicht, dass man eine Wiedergeburt Nietzsches ist. Man stellt einfach fest, dass solche Gedanken möglich sind. Existenzialistische Erfahrungen bezeugen nichts, und idealistische Zustände dürfen ohne Anhaftung genossen werden. Jenseits von Hoffnung und Furcht tritt erleuchtetes Bewusstsein von selbst hervor.

Gestelztes und Gezwungenes engen die Welt ein und binden einen an Vergangenheit und Zukunft. Jeder gekünstelte Gedanke verhindert die unendlichen, selbstbefreienden Möglichkeiten des noch nicht Geschehenen.

Raum ist Wissen, das zeitlos alles umfasst und verbindet. Im uferlosen Augenblick des Erlebers zu verweilen, ermöglicht diese Erfahrung aus der eigenen Mitte heraus.

Man muss weder woanders hingehen, um Buddhas zu begegnen, noch sterben, um Reine Länder zu erleben. Was gebraucht wird, ist die Bereitschaft zu sehen, was ist. Das entfernt die Schleier der Störgefühle und Unwissenheit, und man erfährt, dass alles vor Glück schwingt und von Liebe zusammengehalten wird.

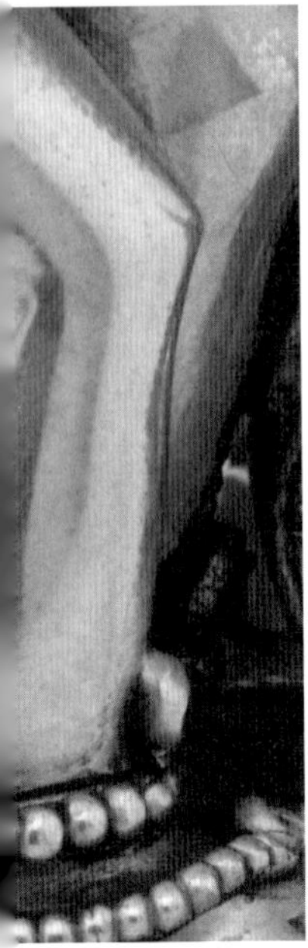

Durch Meditation erlebt man das Zeitlose, das, was hinter und zwischen den Gedanken ist. Man genießt, was der Geist alles hervorbringt und weiß. Voll Wonne wird erfahren, dass das Gewahrsein völlig bewusst sein kann, ohne sich einer Sache bewusst zu sein. Zu den vollkommenen Eigenschaften des Geistes muss weder etwas hinzugefügt noch etwas entfernt werden. Dann kommt das Glück unausweichlich.

Wenn der Geist sich als weit und furchtlos erfährt, erlebt man seine Buddhanatur.

Einsichten entstehen aus Augenblicken der Entspannung.

Einsichten entstehen aus Augenblicken der Entspannung.

KAPITEL IX

Den Tiger reiten

Furchtlosigkeit heißt, sich völlig für den jetzigen Augenblick zu öffnen.

Der beste Rohstoff für eine schnelle menschliche Entwicklung war schon immer die Begeisterung. Nur sie bringt die Kraft für große Durchbrüche.

Wo höchste Freude als das Wesen der Dinge erkannt wird, hat alles Bedingte wenig Kraft. Wer im Wesen des Geistes verweilt, beobachtet voller Verwunderung, wie sich andere von vergänglichen Werten abhängig machen und den Erfolg ihres Lebens an ihrem Verbrauch messen.

Wie lebt man sinnvoll? Nach außen schädigt man möglichst wenige Wesen und bringt ihnen den größtmöglichen langfristigen Nutzen. Nach innen hält man das Gleichgewicht zwischen Mitgefühl und Weisheit, und auf geheimer Ebene verweilt man in der Erfahrung von Raum und Freude als untrennbar. Man sieht die Buddhanatur in allen Wesen und erlebt die Frische in jedem Augenblick.

Sieh alle Menschen auf der höchsten Ebene, aber erwarte nur etwas von dir selbst.

Hingabe entsteht durch Wiedererkennen: Trifft man auf etwas, das dem eigenen Wesen entspricht, wird man unweigerlich ergriffen.

Der Diamantweg bringt die höchste Sicht in den Alltag und führt zur Entfaltung aller Fähigkeiten.

Man rennt um den Küchentisch und versucht, das Glück zu fangen, erwischt es aber nie richtig. Bleibt man einfach stehen, springt es einem auf den Rücken.

Vertraue dem Glück und genieße!

»Erster Gedanke – bester Gedanke!« Ohne sich in zu viele Vorstellungen zu verfangen, macht man einfach, was »vor der Nase liegt«, und erledigt die auftauchenden Dinge der Reihe nach. Allmählich entstehen so zeitlose Freude und Kraft.

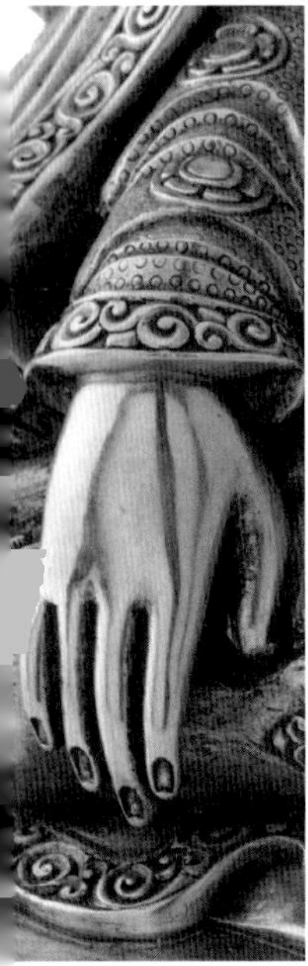

Von der Ebene der Furchtlosigkeit aus wird alles zu einem Ausdruck des unendlichen Reichtums des Raumes. Ob geboren oder gestorben wird, alles zeigt sein Spiel. Die Erfahrung der Unbegrenztheit des Geistes führt zu fürsorglicher Liebe. Also handelt man aus reifer Einsicht langfristig zum Besten der Wesen, unbeirrt von politischer Korrektheit und anderen Scheinlösungen des Zeitgeistes.

Das wichtigste Ziel in einer Beziehung ist die gemeinsame geistige Entwicklung. Man ermöglicht dem Partner, seine besten Rollen zu spielen, und stärkt sein Vertrauen in die ihm innewohnenden kostbaren Eigenschaften, bis er immer sicherer in der eigenen Kraft steht. Das wachsende Vertrauen entwickelt die Menschen ganzheitlich, und die Liebe wächst. Je mehr man sich gegenseitig beschenkt, desto mehr Freude entfaltet sich, und das Leben wird reich.

In einer gelungenen Partnerschaft ergänzen sich die Liebenden: Der Mann gewinnt ein reicheres Innenleben durch die Frau. Er erhält ihre Eingebung durch das Teilen ihrer Welt und wird innerlich belebt und bereichert.

Mit Hilfe von Buddhas Belehrungen werden eure heutigen größten Schwierigkeiten in zehn Jahren euer größter Schatz sein.

Während Gemütsschwankungen zu Lernschritten auf dem Weg werden und sich Freude und Sicherheit festigen, bleibt dankbare Hingabe der stärkste Antrieb für geistiges Wachstum.

Wir müssen uns nur daran erinnern: Die Quelle für jedes Glück ist der Geist selbst.

Liebe ist eine kostbare Einweihung. Daher setzt man auch nach der Vereinigung kein gestelztes, unechtes Gesicht auf, sondern strahlt die erlebte Freude und Kraft in die Welt.

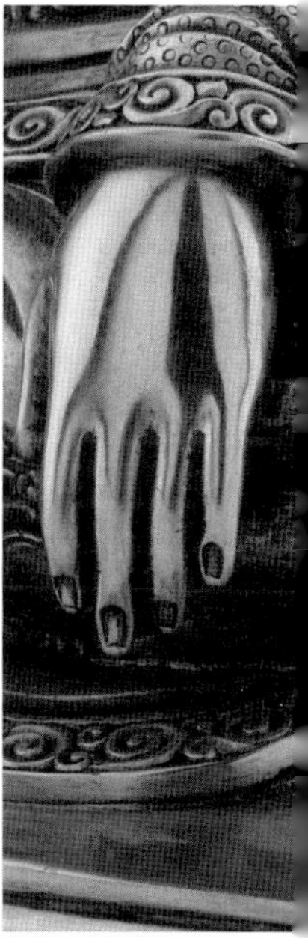

Man sollte zu seinem Partner gehen wie in einen wunderschönen Tempel. Man lässt alle Schwierigkeiten des Tages, alle Erwartungen und Gewohnheiten beiseite – und erlebt sich mit der unmittelbaren Freude eines Kindes, das aus einem dunklen Gang unverhofft die Tür zu einem strahlenden Raum aufstößt. So wird der Augenblick nicht durch feste Vorstellungen eingeschränkt, sondern öffnet den Raum der unendlichen Möglichkeiten.

Woran merke ich, dass ich ein Buddha geworden bin? Du wirst es an deiner Ungezwungenheit und die Umwelt an deinem Lachen erkennen. Alles im Leben ist dann ein Geschenk, und vielleicht wirst du zu einem Regenbogen.

Letztlich geht es um dankbare, gebende Liebe, bei der man die Ganzheit wegen der Einzelheiten liebt und die Einzelheiten wegen der Ganzheit. Wer sich zutiefst öffnet, kann die Eigenschaften des anderen voll und ganz übernehmen. Ein liebendes Paar sollte sich möglichst auf allen Ebenen vertrauen und anziehend finden.

Ein Lehrer darf niemals vergessen, dass seine einzige Aufgabe die ist, seine Schüler selbstständig, mitfühlend und stark zu machen. Deshalb soll er ihre besonderen Eigenschaften feiern und glücklich sein, dass es möglich ist, so viel Wachstum zu teilen.

Tut man bewusst, was »vor der Nase liegt«, wird einem mit staunender Freude klar, dass Störgefühle nicht einfach verschwinden, sondern als Weisheiten wieder auftauchen.

In der Partnerschaft sieht nur der Weise den Partner, andere sehen vor allem die eigenen Geisteszustände. Erwartungen sowie das eigene Karma trüben die Sichtweise. Je vollkommener man das Zeitlose im Partner sehen kann, desto näher ist man an der Wahrheit.

Was macht die Liebe so wunderbar? Sie befreit uns von dem engen »Ich«, das uns in seine kleine Welt verstrickt. Ihre Augenblicke größter Offenheit lassen uns, unsere Partner und die ganze Welt miteinander verschmelzen. Die Erfahrung von »Raum-und-Freude-untrennbar« ist so kraftvoll, dass jedes Gefühl von Getrenntsein verschwindet.

Wer bewusst in allem die höchste Sicht behält, erlebt jeden Augenblick als Entwicklung.

Man kann zwar durch die Wahl des richtigen Restaurants und die richtige Begleitung die Bedingungen für einen sehr schönen Abend schaffen, aber die besten Augenblicke im Leben werden einem geschenkt. Es sind diejenigen, in denen man sich selbst vergisst, in denen jedes Getrenntsein in den Armen der Geliebten aufhört und es nur noch Erfüllung gibt.

Die höchste, reine Sichtweise zu wahren, bedeutet nicht, vor Auseinandersetzungen zu kneifen, sondern ohne Störgefühle das durchzusetzen, was für alle langfristig gut und richtig ist.

Je schöner, je reiner, je bedeutender, je sinnvoller wir die Dinge sehen, desto näher sind wir an der letztendlichen Wahrheit.

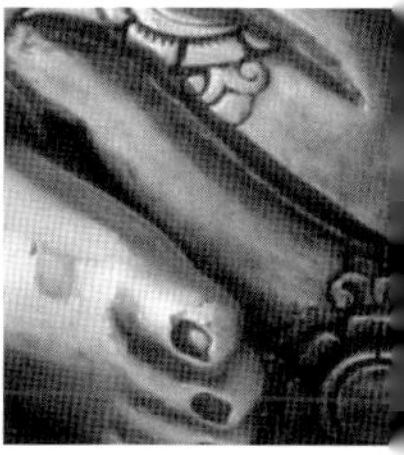

Wer den Geist als Behälter von Gedanken und Gefühlen erlebt und den Raum zwischen ihnen als strahlend und freudvoll, ist ein glücklicher Mensch.

Mach den Raum zu deinem Freund.

Am Ende des Weges stehen eine riesige, ständige Wonne und ein grenzenloses Ja zum Sinn aller Dinge.

Am Ende der Wege stehen
eine ruhige, ständige Wonne
und ein grenzenloses
Ja zum Sein aller Dinge.

KAPITEL X

Der Reichtum des Geistes

Wer sowohl die äußere Welt als auch den eigenen Geist erkundet, wird beide als Raum erkennen und dadurch aufhören, zwischen Erleber, Erlebtem und Erleben zu unterscheiden. Die so gewonnene Einsicht vom Geist und von der Welt vereint den Sehenden, das Gesehene und das Sehen. Alles bedingt sich gegenseitig und fließend, ist aber zugleich von allen dauerhaften Merkmalen leer. Außer dem Raum gibt es weder außen noch innen etwas Unvergängliches. Dafür verdichten sich die Wirkungen der gespeicherten Ursachen als die gemeinsam erlebte äußere Welt, während das eigene Karma die Erfahrung davon färbt. Beide entfalten sich aus dem Raum, werden durch seine Klarheit erlebt und lösen sich in seiner Unbegrenztheit wieder auf. Sucht man also sowohl den Erleber als auch die Geschehnisse, findet man nur den Raum. Mit dieser Erkenntnis ändert sich alles. Die Trennung zwischen einem selbst und den anderen, zwischen Innen- und Außenwelt, zwischen Sein und Nichtsein wird zu den Spielen einer Ganzheit, wobei der eigene Geist das Beobachtende und Unzerstörbare darstellt.
Die Einsicht, dass nichts daneben gehen kann, weil der Raum, der erfährt, seine Klarheit, die erfahren wird, und seine Unbegrenztheit, die alles ermöglicht, letztendlich eins sind, setzt die

ständig frische Kraft des Geistes frei. Es geht nur um den Erleber der Dinge – darum, dass er sich erkennt. Seine Raum-Klarheit-Unbegrenztheit wohnt allen Erscheinungen und Fähigkeiten inne. Er muss weder irgendetwas aufgeben, um nicht schlecht zu sein, noch kann er sich etwas hinzufügen, um sich zu verbessern. Das ist der Reichtum des Geistes. Sein Wesen war immer die unzerstörbare Verwirklichung, er enthielt alles und muss daher nichts erlangen. Der einzige Sinn sämtlicher Meditationen und Belehrungen Buddhas ist, den Geist seine Unbegrenztheit erfahren zu lassen.

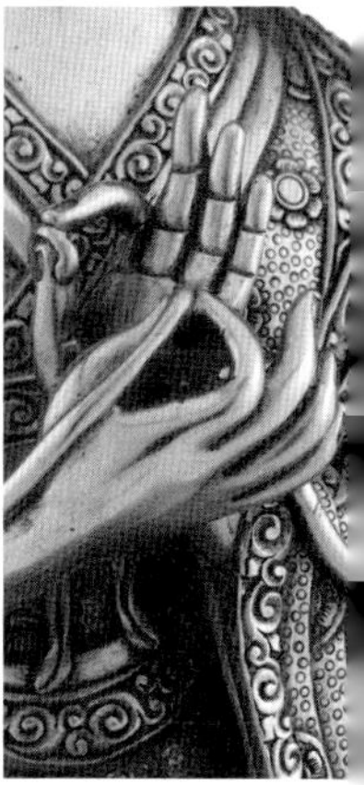

Das ist das Ziel. Als breite Eiche unerschütterlich in der eigenen Kraft zu stehen, während man mit Humor und Mitgefühl das Disneyland der Welt vorbeiziehen sieht und dort eingreift, wo es langfristig sinnvoll und karmisch möglich ist. Wer das schafft, nützt jedem und hat alles erreicht.

Über die abgebildeten Statuen

I. **Buddha Shakyamuni** ist der vierte von tausend Buddhas, die erscheinen werden, während auf der Erde begabtes Leben besteht. Er wurde in die königliche Familie Gautama in Lumbini hineingeboren und lebte bis zu seinem 29. Lebensjahr abgeschirmt als Prinzensohn. Nachdem er unerwartete Begegnungen mit Alter, Krankheit und Tod hatte und denen keine Dauerwerte entgegensetzen konnte, verließ er nach der Begegnung mit einem Meditierenden den Hof. Er wollte ungestört nach dem zeitlosen, unzerstörbaren Zustand suchen, den dieser ihm gezeigt hatte. Nach sechs Jahren des Lernens bei unterschiedlichen Lehrern erlangte er mit 35 Jahren in Bodhgaya die volle Erleuchtung. Anschließend lehrte er 45 Jahre lang auf seiner Wanderschaft zwischen Koshala und Magadha in Nordostindien unterschiedliche Sichtweisen und Mittel, je nach Fähigkeiten der Schüler.

II. **Buddha des Grenzenlosen Lichtes** (tib.: Öpame/skt.: Amitabha): Buddha der unterscheidenden Weisheit, rubinrot, sitzend. Die Hände ruhen im Schoß und halten eine Schale mit dem Nektar der höchsten Erfüllung. Sein Bewusstseinsfeld ist das Reine Land der höchsten Freude (Dewachen), das man durch sein Versprechen an die Wesen mit starken Wünschen nach dem Tod erreichen kann.

III. **Diamantgeist** (tib.: Dorje Sempa/skt.: Vajrasattva): Buddha der reinigenden Kraft aller Buddhas, weiß, sitzend. Die rechte Hand hält einen Dorje zum Herzen und die linke eine Glocke an der Hüfte.

IV. **Liebevolle Augen** (tib.: Chenresig/skt.: Avalokiteshvara): Buddha des Mitgefühls und der nicht unterscheidenden Liebe, weiß, sitzend, mit vier Armen. Die rechte äußere Hand hält eine Kristallmala, die alle Wesen aus der bedingten Welt befreit. Die beiden mittleren Hände umschließen das Juwel der Erleuchtung vor seinem Herzen. Die linke äußere Hand hält eine Lotosblüte, die die Reinheit seiner Einstellung zeigt. Mit seinen Augen schaut er auf alle Wesen.

V. **Befreierin** (tib.: Dölma/skt.: Tara), hier: **Grüne Befreierin:** weibliche Buddha des Mitgefühls, smaragdgrün, sitzend. Die rechte Hand ruht am Knie in der Geste des Gebens, die linke Hand hält eine Lotosblüte. Der rechte Fuß ist nach vorne gestreckt als Zeichen, dass die Befreierin jederzeit bereit ist, den Wesen zu helfen. Um sie herum sitzen 20 weitere Befreierinnen. Sie schützen vor unterschiedlichen Gefahren und erfüllen Wünsche.

VI. **Machig Labdrön** (1055–1153) ist die Begründerin der Chöd-Praxis, einer der acht großen Übertragungslinien innerhalb des tibetischen Buddhismus, die auf den Weisheitslehren (skt.: prajnaparamita) des Buddha basiert. Ihre Linie wurde später von ihren Schülern zurück nach Indien gebracht. Chöd bedeutet »Durchschneiden«, was sich auf das Entfernen aller Negativität, besonders der Ich-Anhaftung, bezieht. Diese Praxis wird in den meisten Schulen des tibetischen Buddhismus verwendet. Machig Labdrön gilt als Inkarnation von Yeshe Tsogyal, der tibetischen Gefährtin von Padmasambhava. Sie erscheint als weibliche Weisheits-Dakini mit weißer

Körperfarbe, einem Gesicht und zwei Armen. Sie wird in freudvoll tanzender Form (skt.: ardha-paryanka) auf Lotos und Mondscheibe dargestellt. Sie hat einen friedvollen Gesichtsausdruck mit einem dritten Auge in der Stirn. Mit der rechten, erhobenen Hand schlägt sie eine Doppeltrommel (skt.: damaru), deren Klang die Lehre Buddhas verbreitet. In der linken Hand hält sie eine Glocke an der Hüfte mit der Mündung aufwärts gerichtet. Der Klang dieser Glocke steht für die Raumnatur oder Leerheit aller Erscheinungen. Die Figur trägt eine Kombination aus den Juwelen- und Knochenornamenten des Freudenzustandes und ist umgeben von Weisheitsflammen.

VII. **Rote Weisheit** (tib.: Dorje Pamo/skt.: Vajravarahi): weibliche Buddha der letztendlichen höchsten Weisheit aller Buddhas, rot, tanzend. In der rechten Hand hält sie ein Haumesser, mit dem sie alles Kleinliche durchschneidet; in der linken eine Schädelschale mit dem Nektar der Befreiung. Wichtige Meditationsform in der Karma-Kagyü-Linie, Partnerin vom Buddha Höchste Freude.

VIII. **Rote Weisheit in Vereinigung mit Höchster Freude**

Rote Weisheit (tib.: Dorje Pamo/skt.: Vajravarahi): weibliche Buddha der letztendlichen höchsten Weisheit aller Buddhas, rot, tanzend. In der rechten Hand hält sie ein Haumesser, mit dem sie alles Kleinliche durchschneidet; in der linken eine Schädelschale mit dem Nektar der Befreiung. Partnerin vom Buddha Höchste Freude.

Höchste Freude (tib.: Khorlo Demchog/skt.: Chakrasamvara/wörtl.: »Rad der höchsten Freude«): Buddha der strahlenden und überpersönlichen Freude, welche die wahre Natur unseres Geistes ist, tiefblau, stehend, die Hände sind auf Herzenshöhe gekreuzt und halten Dorje und Glocke. Begeisternde Erscheinung, die Anhaftung umwandelt. Oft in Vereinigung mit Roter Weisheit. Wichtige Meditationsform in der Karma-Kagyü-Linie.

IX. **Marpa**

Marpa Lotsawa war der erste tibetische Linienhalter der Kagyü-Schule. Auf seinen drei Reisen nach Indien erhielt er sehr viele Belehrungen und hat insgesamt mehr als 16 Jahre bei seinen Lehrern verbracht. Er war viele Jahre damit beschäftigt, die Texte der tantrischen Belehrungen, die er vor den muslimischen Angriffen in Indien rettete, ins Tibetische zu übersetzen, und ist daher auch als »der Übersetzer« bekannt. Von Maitripa, dem Linienhalter Sarahas, bekam er die letztendliche und vollkommene Übertragung zum Großen Siegel. Von Naropa erhielt er die Übertragung von »Höchster Freude« (Khorlo Demchog) und die »Sechs Übungen von Naropa«. Der Mehrzahl der heutigen Diamantweg-Buddhisten ähnlich, führte er äußerlich ein Leben als Laienbuddhist. Er lebte mit seiner Hauptfrau Dagmema (tib.: Nicht-Ich) und seinem Sohn auf einem Bauernhof in Südtibet, der gleichzeitig als Meditationszentrum diente, und war auf innerer und geheimer Ebene schon ein Buddha. Nahezu alle im Leben stehenden Kagyü-Laienbuddhisten folgen seinem Beispiel und gehen den Weg der Marpa-Kagyüs, während die Mönche und Nonnen dem Verhalten des späteren Gampopas folgen, dem ersten Mönch in der Übertragungslinie.

X. **Rangjung Dorje** (1284–1339), der dritte Karmapa

Der dritte Karmapa, Rangjung Dorje, erhielt Unterweisungen aus allen damals bestehenden buddhistischen Schulen. Er wurde der wichtigste Meister des Großen Siegels und errichtete viele Meditationszentren. Gleichzeitig baute er aus Eisenketten Hängebrücken und half so den Menschen, leicht Flüsse und Schluchten zu überqueren. Als großartiger Gelehrter verfasste er einmalige Texte und Abhandlungen. Unter anderem entwickelte er die Überlieferung der Meditationspraxis weiter und schrieb die in dem Buch »Das Große Siegel« erläuterten Mahamudra-Wünsche.

Eine Auswahl aus über 500 Diamantweg-Zentren der Karma-Kagyü-Tradition unter der spirituellen Führung des 17. Karmapa Trinlay Thaye Dorje und geleitet von Lama Ole Nydahl:

DEUTSCHLAND www.diamantweg.de

Buddhistisches Zentrum Augsburg
Gögginger Str. 68, D-86159 Augsburg
Fon: +49 (821) 87444, +49 (8231) 608241
Fax: +49 (1212) 547814751
E-Mail: Augsburg@diamondway-center.org
Website: www.buddhismus-augsburg.info

Buddhistisches Zentrum Berlin
Grunewaldstr. 18, D-10823 Berlin
Fon: +49 (30) 78704213
Fax: +49 (30) 78704214
E-Mail: Berlin@diamondway-center.org
Website: www.buddhismus-ost.de/Berlin

Buddhistisches Zentrum Braunschweig
Kramerstr. 18, D-38122 Braunschweig
Fon: +49 (531) 798601
Fax: +49 (531) 791009
E-Mail: Braunschweig@diamondway-center.org
Website: www.buddhismus-braunschweig.de

Buddhistisches Zentrum Darmstadt
Rheinstr. 99, D-64295 Darmstadt
Fon: +49 (6151) 788496
Fax: +49 (6151) 788496
E-Mail: Darmstadt@diamondway-center.org
Website: www.buddhismus-darmstadt.de

Buddhistisches Zentrum Dresden
Bautzner Str. 14, D-01099 Dresden
Fon: +49 (351) 8951265
Fax: +49 (351) 8951268
E-Mail: Dresden@diamondway-center.org
Website: www.buddhismus-dresden.de

Buddhistisches Zentrum Düsseldorf
Volmerswerther Str. 3, D-40221 Düsseldorf
Fon: +49 (211) 6173395, +49 (211) 7356422
Fax: +49 (211) 7356422
E-Mail: Duesseldorf@diamondway-center.org
Website: www.buddhismus-duesseldorf.de

Buddhistisches Zentrum Frankfurt
Saalburgstr. 17, D-60385 Frankfurt am Main
Fon: +49 (69) 4691001
Fax: +49 (69) 4691002
E-Mail: Frankfurt@diamondway-center.org
Website: www.buddhismus-frankfurt.de

Buddhistisches Zentrum Freiburg
Zasiusstr. 67, D-79102 Freiburg
Fon: +49 (761) 7072185
Fax: +49 (761) 7072186
E-Mail: Freiburg@diamondway-center.org
Website: www.buddhismus-freiburg.de

Buddhistisches Zentrum Hamburg
Thadenstr. 79, D-22767 Hamburg
Fon: +49 (40) 4328380
Fax: +49 (40) 43283810
E-Mail: Hamburg@diamondway-center.org
Website: www.buddhismus-hamburg.de

Buddhistisches Zentrum Heidelberg-Leimen
Kaiserstr. 39, D-69181 Leimen
Fon: +49 (6224) 951748
Fax: +49 (6224) 951758
E-Mail:
Heidelberg-Leimen@diamondway-center.org
Website: www.buddhismus-heidelberg-leimen.de

Buddhistisches Zentrum Karlsruhe
Gartenstr. 52, D-76133 Karlsruhe
Fon: +49 (721) 8305070
Fax: +49 (721) 8305071
E-Mail: Karlsruhe@diamondway-center.org
Website: www.buddhismus-karlsruhe.de

Buddhistisches Zentrum Kiel
Jungmannstr. 55–57, D-24105 Kiel
Fon: +49 (431) 93533
Fax: +49 (431) 93633
E-Mail: Kiel@diamondway-center.org
Website: www.buddhismus-kiel.de

Buddhistisches Zentrum Konstanz
Mainaustr. 7, D-78467 Konstanz
Fon: +49 (7531) 67705
Fax: +49 (7531) 67787
E-Mail: Konstanz@diamondway-center.org
Website: www.buddhismus-konstanz.de

Buddhistisches Zentrum Köln
Aquinostr. 27, D-50670 Köln
Fon: +49 (221) 7327475
Fax: +49 (221) 7327475
E-Mail: Koeln@diamondway-center.org
Website: www.buddhismus-koeln.de

Buddhistisches Zentrum Leipzig
Wiesenstr. 1, D-04564 Böhlen-Großdeuben
Fon: +49 (34299) 76812, +49 (341) 9999098
Fax: +49 (34299) 76813
E-Mail: Leipzig@diamondway-center.org
Website: www.buddhismus-leipzig.de

Buddhistisches Zentrum München
Gabelsbergerstr. 52/Rgb., D-80333 München
Fon: +49 (89) 90547633
Fax: +49 (1805) 23363380333
E-Mail: Munich@diamondway-center.org
Website: www.buddhismus-muenchen.de

Buddhistisches Zentrum Passau
Löwengrube 16, D-94032 Passau
Fon: +49 (851) 36750
Fax: +49 (851) 931100
E-Mail: Passau@diamondway-center.org
Website: www.buddhismus-passau.de

Buddhistisches Zentrum Regensburg
Am Brixener Hof 6, D-93047 Regensburg
Fon: +49 (941) 5998173
Fax: +49 (941) 5998174
E-Mail: Regensburg@diamondway-center.org
Website: www.buddhismus-regensburg.de

Buddhistisches Zentrum Schwarzenberg
Hinterschwarzenberg 8, D-87466 Oy-Mittelberg
Fon: +49 (8366) 98380
Fax: +49 (8366) 983818
E-Mail: Schwarzenberg@diamondway-center.org
Website: www.zentrum-schwarzenberg.de

Buddhistisches Zentrum Stuttgart
Esslinger Str. 22, D-70182 Stuttgart
Fon: +49 (711) 607268
Fax: +49 (711) 607268
E-Mail: Stuttgart@diamondway-center.org
Website: www.buddhismus-stuttgart.de

Buddhistisches Zentrum Würzburg
Nürnberger Str. 80, D-97076 Würzburg
Fon: +49 (931) 283151
Fax: +49 (931) 283153
E-Mail: Wuerzburg@diamondway-center.org
Website: www.buddhismus-wuerzburg.de

Buddhistisches Zentrum Wuppertal
Wittensteinstr. 22, D-42285 Wuppertal
Fon: +49 (202) 84089
Fax: +49 (202) 82845
E-Mail: Wuppertal@diamondway-center.org
Website: www.buddhismus-wuppertal.de

ÖSTERREICH www.diamantweg.at

Buddhistisches Zentrum Graz
Pfeifferhofweg 94, A-8045 Graz
Fon: +43 (316) 670700
Fax: +43 (316) 67070023
E-Mail: Graz@diamondway-center.org

Buddhistisches Zentrum Linz
Hauptplatz 15/15, A-4020 Linz
Fon: +43 (732) 680831, +43 (732) 602182
Fax: +43 (732) 676534
E-Mail: Linz@diamondway-center.org

Buddhistisches Zentrum Wien
Josef-Melichar-Gasse 20, A-1210 Wien
City Center: Siebensterngasse 25, A-1070 Wien
Fon: +43 (1) 2631247
Fax: +43 (1) 2631247
E-Mail: Wien@diamondway-center.org

SCHWEIZ www.buddhismus.org

Buddhistisches Zentrum Basel
Laufenstr. 15, CH-4053 Basel
Fon: +41 (0) 61 2720223
Fax: +41 (0) 61 2720223

E-Mail: Basel@diamondway-center.org
Website: www.buddhismus-basel.ch

Buddhistisches Zentrum Bern
Bellevue im Park Morillonstr. 87, CH-3007 Bern
Fon: +41 (0) 31 3111451
Fax: +41 (0) 31 8195297
E-Mail: Bern@diamondway-center.org
Website:
www.buddhismus.org/ZentrenCH/ZenBern.html

Buddhistisches Zentrum Zürich
Hammerstr. 9, CH-8008 Zürich
Fon: +41 (0) 1 3820875
Fax: +41 (0) 1 3820875
E-Mail: Zurich@diamondway-center.org
Website:
www.buddhismus.org/ZentrenCH/ZenZurich.html

Die Adressen weiterer buddhistischer Zentren in den deutschsprachigen Ländern und weltweit sind zu finden unter www.diamantweg.de und www.diamondway-buddhism.org.

LAMA OLE NYDAHL

Das große Siegel

Die Mahamudra-Sichtweise des Diamantweg-Buddhismus

Ein uralter, tibetischer Weisheitstext, der unter der Bezeichnung ›Das Große Siegel‹ bekannt ist, beschreibt Weg und Ziel des ›Diamantwegs‹, jenes buddhistischen Erleuchtungspfades, der grenzenlose Einsicht in die Natur des Geistes schenkt. Lama Ole Nydahl erläutert dieses zeitlose Dokument anhand von vielen Beispielen aus der heutigen Zeit und führt damit den Leser zum erleuchteten Handeln im Hier und Jetzt, das jenseits von Erwartungen oder Befürchtungen ist und in dem man nichts mehr festhält, sondern durch das Loslassen zur Reife gelangt.

Wie die Dinge sind

Eine zeitgemäße Einführung in die Lehren Buddhas

Was ist Buddhismus? Welche Möglichkeiten lehrte Buddha, um festgefahrene Vorstellungen zu durchbrechen? Wie kann der moderne Mensch die täglichen Freuden und Sorgen in Beruf, Familie und Partnerschaft für seine geistige Entwicklung nutzen? Wie die Dinge sind ist eine lebendige Übertragung der tiefen Weisheit Buddhas, geschrieben von einem der bekanntesten westlichen buddhistischen Meister, einem Lama »zum Anfassen«.